RECETTES MÉDITERÉNÉENNES

50 recettes saines super faciles

Domitille **Garnier**

Avertissement

Les informations contenues dans i sont destinées à servir de collection complète de stratégies sur lesquelles l'auteur de cet eBook a effectué des recherches. Les résumés, stratégies, trucs et astuces ne sont que des recommandations de l'auteur, et la lecture de cet eBook ne garantira pas que les résultats refléteront exactement les résultats de l'auteur. L'auteur de l'eBook a fait tous les efforts raisonnables pour fournir des informations actuelles et exactes aux lecteurs de l'eBook. L'auteur et ses associés ne seront pas tenus responsables de toute erreur ou omission involontaire qui pourrait être trouvée. Le contenu de l'eBook peut inclure des informations provenant de tiers. Les documents de tiers comprennent les opinions exprimées par leurs propriétaires. En tant que tel, l'auteur de l'eBook n'assume aucune responsabilité pour tout matériel ou avis de tiers.

Table des matières

INTRODUCTION

Si vous essayez de manger des aliments meilleurs pour votre cœur, commencez par ces neuf ingrédients sains de la cuisine méditerranéenne.

Les ingrédients clés de la cuisine méditerranéenne comprennent l'huile d'olive, les fruits et légumes frais, les légumineuses riches en protéines, le poisson et les grains entiers avec des quantités modérées de vin et de viande rouge. Les saveurs sont riches et les bienfaits pour la santé des personnes qui choisissent un régime méditerranéen, l'un des plus sains au monde, sont difficiles à ignorer - ils sont moins susceptibles de développer une hypertension artérielle, un taux de cholestérol élevé ou de devenir obèses. Si vous essayez de manger des aliments meilleurs pour votre cœur, commencez par ces ingrédients sains de la cuisine méditerranéenne.

1. frites de piment aux haricots végétaliens

Ingrédients

- 400g de frites surgelées
- 2 cuillères à soupe d'huile d'olive
- 1 oignon finement haché
- 1 avocat mûr
- ½ citron vert, pressé, plus quartiers à servir
- ½ petit oignon rouge finement haché
- 1 tomate finement hachée
- 1 gousse d'ail écrasée
- ½ cuillère à soupe de pâte de chipotle
- ½ cuillère à café de cumin moulu
- ½ cuillère à café de coriandre moulue
- 400g de haricots mélangés, égouttés
- ½ boîte de 400g de tomates hachées
- ½ petit bouquet de coriandre hachée
- 2 cuillères à soupe de crème fraîche sans produits laitiers

- 2 cuillères à soupe d'oignons frits croustillants

PAS

1. Faites cuire les frites en suivant les instructions de l'emballage. Pendant ce temps, faites chauffer l'huile d'olive dans une poêle et faites revenir l'oignon pendant 10 min. Préparez le guacamole en écrasant l'avocat et en mélangeant le jus de citron vert, l'oignon rouge et la tomate hachée.

2. Ajouter l'ail, la pâte de chipotle, le cumin moulu et la coriandre moulue aux oignons, qui doivent être ramollis et translucides. Faites frire 1 min, puis ajoutez les haricots mélangés et les tomates hachées. Laisser mijoter 10 minutes, puis incorporer la majeure partie de la coriandre et assaisonner. Versez les frites dans un bol et garnissez avec le piment aux haricots, le guacamole, la crème fraîche et les oignons frits croustillants. Répartir sur la coriandre restante et servir avec des quartiers de lime.

2. lasagnes végétaliennes

Ingrédients

- 30g de cèpes séchés
- 6 cuillères à soupe d'huile d'olive
- 1 oignon, haché finement
- 2 carottes, hachées finement
- 2 branches de céleri, hachées finement
- 4 gousses d'ail, tranchées
- quelques brins de thym
- 1 cuillère à café de purée de tomates
- 100 ml de vin rouge vegan (facultatif)
- 250g de lentilles vertes séchées
- 2 boîtes de 400g de tomates italiennes entières
- Paquet de 250g de champignons châtaignes, hachés
- Paquet de 250g de champignons portobello, tranchés
- 1 cuillère à café de sauce soja

- 1 cuillère à café de marmite
- 6 cuillères à soupe de farine tout usage
- 900 ml de lait de soja
- 1 noix de muscade entière, à râper
- 12 feuilles de lasagnes
- 2-3 cuillères à soupe de levure nutritionnelle (facultatif, ajoute une saveur de fromage)
- salade verte, pour servir

PAS

1. Versez 800 ml d'eau bouillante sur les cèpes séchés et laissez reposer 10 minutes jusqu'à ce qu'ils soient hydratés. Pendant ce temps, versez $1\frac{1}{2}$ cuillère à soupe d'huile dans une grande casserole. Ajouter l'oignon, la carotte, le céleri et une pincée de sel. Cuire doucement en remuant pendant 10 minutes jusqu'à ce qu'ils soient tendres. Retirer les cèpes du liquide, garder le bouillon champignon et hacher grossièrement. Mettez les deux de côté.

2. Ajoutez l'ail et le thym dans la poêle. Cuire 1 min, puis incorporer la purée de tomates et cuire 1 minute de plus. Verser le vin rouge, si désiré, cuire jusqu'à ce qu'il soit presque réduit, puis ajouter les lentilles, le bouillon de champignons réservé et les boîtes de tomates. Porter à ébullition, réduire le feu et laisser mijoter avec le couvercle.

3. Pendant ce temps, faites chauffer une grande poêle à frire. Ajoutez $1\frac{1}{2}$ cuillère à soupe d'huile, puis versez tous les champignons dans la poêle, y compris les champignons

réhydratés. Faites frire jusqu'à ce que toute l'eau se soit évaporée et que les champignons soient bien dorés. Versez la sauce soja. Mélangez bien le tout, puis grattez les champignons dans la casserole à lentilles.

4. Incorporer la marmite, puis continuer à cuire le ragoût, en remuant de temps en temps, à feu moyen pendant 30 à 45 minutes jusqu'à ce que les lentilles soient cuites et que la sauce soit épaisse et réduite, en ajoutant de l'eau si nécessaire. Retirer les brins de thym et assaisonner au goût.

5. Chauffer le four à 180 ° C / 160 ° C ventilateur / gaz 4. Pour faire la sauce blanche, chauffer 3 cuillères à soupe d'huile d'olive dans une casserole, incorporer la farine et cuire pendant quelques minutes pour éliminer le goût de farine crue, puis fouetter lentement dans le lait de soja. Faites cuire jusqu'à ce que vous ayez une sauce crémeuse, environ 10 minutes. Assaisonner au goût, en ajoutant un bon râpage de muscade.

6. Étalez un tiers du ragoût au fond de votre plat allant au four, puis garnissez de 6 feuilles de

lasagne, suivi d'un autre tiers de sauce blanche vegan, puis d'un autre tiers de ragoût. Garnir avec les feuilles de lasagnes restantes, puis le ragoût restant et enfin, étaler sur le reste de la sauce blanche. Saupoudrer de levure nutritionnelle, le cas échéant, et cuire au four pendant 45 minutes à 1 heure jusqu'à ce que les pâtes soient cuites.

3.Sablé de millionnaire facile

Ingrédients

Pour les sablés

- 250g de farine tout usage
- 75g de sucre en poudre
- 175g de beurre ramolli

Pour le caramel

- 100g de beurre ou de margarine
- 100g de sucre muscovado léger
- 397 g de lait concentré

Pour la garniture

- 200g de chocolat nature ou au lait, cassé en morceaux

PAS

1. Chauffer le four à 180 ° C / 160 ° C ventilateur / gaz 4. Graisser légèrement et tapisser un moule carré ou rectangulaire de 20 à 22 cm avec une lèvre d'au moins 3 cm.

2. Pour réaliser les sablés, mélangez 250 g de farine ordinaire et 75 g de sucre en poudre dans un bol. Frottez-y 175 g de beurre ramolli jusqu'à ce que le mélange ressemble à de la chapelure fine.

3. Pétrir le mélange jusqu'à ce qu'il forme une pâte, puis presser dans la base du moule préparé.

4. Piquer légèrement les sablés avec une fourchette et cuire au four 20 minutes ou jusqu'à ce qu'ils soient fermes au toucher et très légèrement dorés. Laisser refroidir dans l'étain.

5. Pour faire le caramel, mettez 100 g de beurre ou de margarine, 100 g de sucre muscovado léger et la boîte de lait concentré dans une casserole et faites chauffer doucement jusqu'à dissolution du sucre. Remuez

continuellement avec une spatule pour vous assurer qu'aucun sucre ne colle au fond de la casserole. (Cela peut laisser des taches brunes dans le caramel mais n'affectera pas la saveur.)

6. Augmentez le feu à moyen-vif, en remuant tout le temps, et portez à ébullition, puis baissez le feu à doux et en remuant continuellement, pendant environ 5 à 10 minutes ou jusqu'à ce que le mélange ait légèrement épaissi. Versez sur les sablés et laissez refroidir.

7. Pour la garniture, faites fondre lentement 200 g de chocolat nature ou au lait dans un bol au-dessus d'une casserole d'eau chaude. Versez sur le caramel froid et laissez prendre. Couper en carrés ou en barres avec un couteau chaud.

4.Saag aloo

Ingrédients

- 2 cuillères à soupe d'huile de tournesol
- 1 oignon, haché finement
- 2 gousses d'ail, tranchées
- 1 cuillère à soupe de gingembre haché
- 500g de pommes de terre, coupées en morceaux de 2 cm ($\frac{3}{4}$in)
- 1 gros piment rouge, coupé en deux, épépiné et finement tranché
- $\frac{1}{2}$ cuillère à café de chaque graines de moutarde noire, graines de cumin, curcuma
- 250g de feuilles d'épinards

PAS

1. Faites chauffer 2 cuillères à soupe d'huile de tournesol dans une grande poêle, ajoutez 1 oignon finement haché, 2 gousses d'ail tranchées et 1 cuillère à soupe de gingembre haché, et faites revenir environ 3 minutes.

2. Incorporer 500 g de pommes de terre, coupées en morceaux de 2 cm, 1 piment rouge coupé en deux, épépiné et finement tranché, $\frac{1}{2}$ cuillère à café de graines de moutarde noire, $\frac{1}{2}$ cuillère à café de graines de cumin, $\frac{1}{2}$ cuillère à café de curcuma et $\frac{1}{2}$ cuillère à café de sel et poursuivre la cuisson en remuant pendant 5 minutes de plus.

3. Ajouter un peu d'eau, couvrir et cuire 8 à 10 minutes.

4. Vérifiez que les pommes de terre sont prêtes en les hachant avec la pointe d'un couteau, et si elles le sont, ajoutez 250 g de feuilles d'épinards et laissez-les flétrir dans la casserole. Retirez du feu et servez.

5. chou-fleur et haricots rouges à la Kung Pao

Ingrédients

- ½ cuillère à soupe de grains de poivre du Sichuan
- 3 cuillères à soupe d'huile végétale ou d'huile d'arachide
- 1 petit chou-fleur (400g-500g de poids préparé), brisé en gros fleurons et tige coupée en morceaux de 2cm.
- 1 cuillère à soupe de farine de maïs
- 3 gousses d'ail, hachées finement
- morceau de gingembre de la taille d'un pouce, haché finement
- 1 cuillère à soupe de flocons de piment (ou au goût)
- 1 bouquet d'oignons verts, finement tranchés en diagonale
- 2 cuillères à soupe de sirop d'érable
- 5 cuillères à soupe de sauce soja légère
- 1 ½ cuillère à soupe de vinaigre de riz ou de vinaigre balsamique

- 400g de haricots rouges égouttés et rincés
- petit bouquet de coriandre, hachée grossièrement (facultatif)
- grosse poignée d'arachides salées, grossièrement hachées

PAS

1. Mettre les grains de poivre dans une poêle sèche et faire griller à feu moyen pendant 3 minutes en remuant fréquemment. Versez sur une assiette.

2. Mettez 2 cuillères à soupe d'huile dans la poêle, ajoutez le chou-fleur et faites cuire à feu vif pendant 5 min pour colorer. Pendant ce temps, blitz les grains de poivre dans un petit robot culinaire ou broyer à l'aide d'un pilon et d'un mortier et mélanger avec la farine de maïs.

3. Arrosez la 1 cuillère à soupe d'huile restante dans la poêle et ajoutez un tiers du mélange de farine de maïs pour enrober le chou-fleur. Cuire 1 min, puis ajouter l'ail, le gingembre, le piment, les trois quarts des oignons nouveaux et 400 ml d'eau.

4. Couvrir avec un couvercle ou une plaque à pâtisserie et faire bouillir pendant quelques minutes. Pendant la cuisson, ajoutez le sirop d'érable, la sauce soya et le vinaigre, plus 6 c. À soupe d'eau, au mélange de farine de maïs

restant dans un autre bol. Remuer jusqu'à consistance lisse et réserver.

5. Ajouter le mélange de farine de maïs à l'érable au chou-fleur, en remuant. Porter à ébullition, puis baisser le feu, ajouter les haricots, couvrir et laisser mijoter jusqu'à ce que la sauce épaississe et que le chou-fleur soit tendre.

6. Versez sur une assiette, parsemez de coriandre, si vous en utilisez, puis garnissez du reste des oignons nouveaux et des arachides.

6. curry katsu

Ingrédients

- 4 cuillères à soupe d'huile de colza ou d'huile végétale
- 2 sachets de 200g de riz cuit (nous avons utilisé du basmati brun)
- ½ gros concombre, pelé en rubans
- poignée de feuilles de menthe ou de coriandre, ou les deux
- quartiers de lime, pour servir

Pour la sauce curry

- 1 cuillère à soupe d'huile de colza ou d'huile végétale
- 2 oignons, hachés
- 2 grosses carottes, hachées, plus 1 pelée en rubans
- 2 gousses d'ail écrasées
- morceau de gingembre de la taille d'un pouce, pelé et râpé ou haché finement
- 1 cuillère à soupe de curry en poudre, doux ou

moyen selon votre tolérance aux épices

- $\frac{1}{2}$ cuillère à café de curcuma moulu
- 400 ml de lait de coco
- 2 cuillères à café de sirop d'érable (ou utilisez du miel si vous ne cuisinez pas pour les végétaliens)

Pour le katsu

- 1 cuillère à soupe de farine de maïs
- 8 mini-filets de poulet, ou un bloc de tofu ferme de 280 à 300 g, ou moitié-moitié
- 200g de chapelure (sans gluten si nécessaire)

PAS

1. Commencez par préparer la sauce au curry. Chauffer 1 cuillère à soupe d'huile dans une poêle, cuire les oignons et les carottes hachées jusqu'à ce que les oignons soient tendres et commencent à caraméliser, environ 8 min. Ajouter l'ail et le gingembre et faire grésiller encore 30 secondes, puis incorporer la poudre de curry et le curcuma. Une fois les épices réchauffées, ajoutez le lait de coco, le sirop d'érable ou le miel et 100 ml d'eau. Bien assaisonner, couvrir et laisser mijoter à feu doux pendant 20 minutes.

2. Maintenant, faites le katsu. Dans un grand bol, mélanger la maïzena avec 4 cuillères à soupe d'eau et un peu d'assaisonnement. Trempez le poulet ou le tofu dans le mélange de farine (si vous cuisinez à la fois pour les végétaliens et les mangeurs de viande, assurez-vous de tremper d'abord le tofu pour éviter de le mélanger avec de la viande). Placez la chapelure dans un autre bol et trempez-y le poulet ou le tofu en le retournant jusqu'à ce qu'il soit bien enrobé.

3. Lorsque les oignons et les carottes dans la sauce au curry sont tendres, utilisez un mixeur manuel ou de table. Si la sauce est trop épaisse, ajoutez un peu plus d'eau, vérifiez l'assaisonnement, ajoutez plus de sel, de sirop d'érable ou un peu de jus de lime, si vous le souhaitez. Garder au chaud.

4. Faites chauffer l'huile dans une poêle et faites cuire le poulet ou le tofu pendant 4 à 5 minutes de chaque côté jusqu'à ce qu'il soit doré et bien cuit. Réchauffez le riz et répartissez-le dans des bols. Garnir de sauce au curry, de poulet katsu ou de tofu et servir avec le concombre, les rubans de carottes, les herbes et les quartiers de lime.

7. cupcakes végétaliens à la banane

Ingrédients

- 2 grosses bananes (environ 225 g), noircies et pelées
- 50 ml d'huile végétale ou de tournesol
- 65g de cassonade claire
- 150g de farine tout usage
- 2 cuillères à café de levure chimique
- 2 cuillères à café de cannelle
- 50g de mélange de fruits secs et de graines
- 2 cuillères à soupe d'avoine
- 2 cuillères à soupe de graines mélangées

PAS

1. Chauffer le four à 180C / 160C ventilateur / gaz 4. Écraser les bananes dans un bol moyen avec une fourchette, puis incorporer l'huile et le sucre jusqu'à homogénéité.
2. Ajouter la farine, la levure chimique, la

cannelle et le mélange de fruits secs et de graines. Mélangez jusqu'à ce que le tout soit bien mélangé.

3. Tapisser un plateau à cupcakes de 10 à 12 caisses à cupcakes (la quantité dont vous aurez besoin dépendra de la taille des bananes) et les remplir aux $\frac{3}{4}$ du mélange. Saupoudrer d'avoine et de graines mélangées.

4. Cuire au four pendant 25 minutes ou jusqu'à ce qu'une brochette insérée au milieu d'un muffin en ressorte propre. Laisser refroidir sur une grille.

8.Cookie base classique s'mores

Ingrédients

- 16 biscuits aux pépites de chocolat
- 8 guimauves (marque végétarienne, si nécessaire)
- 8 cuillères à café de pâte à tartiner au chocolat et aux noisettes (nous avons utilisé du Nutella)

PAS

1. Préchauffer le gril à feu élevé et tapisser une plaque à pâtisserie de papier sulfurisé. Mettre 8 biscuits sur le plateau et garnir d'une guimauve. Griller jusqu'à ce que la guimauve commence à dorer et à fondre.
2. Mettez une cuillère à café de tartinade chocolat noisette sur les 8 autres biscuits et sandwich au-dessus de la couche de guimauve fondante.

9. pizza végétarienne Margherita

Ingrédients

Pour la pâte à pizza

- 500g de farine à pain blanche forte, plus un supplément pour saupoudrer
- 1 cuillère à café de levure séchée
- 1 cuillère à café de sucre en poudre
- 1 $\frac{1}{2}$ cuillère à soupe d'huile d'olive, plus extra

Pour la sauce tomate

- 100 ml de passata
- 1 cuillère à soupe de basilic frais, haché (ou 1/2 cuillère à café d'origan séché)
- 1 gousse d'ail écrasée

Pour la garniture

- 200g de fromage mozzarella vegan, râpé
- 2 tomates, tranchées finement
- Feuilles de basilic ou d'origan frais, huile de piment et parmesan végétalien pour servir (facultatif)

PAS

1. Mettez la farine, la levure et le sucre dans un grand bol. Mesurez 150 ml d'eau froide et 150 ml d'eau bouillante dans une cruche et mélangez-les ensemble - cela signifie que votre eau est à une bonne température pour la levure. Ajoutez l'huile et 1 cuillère à café de sel à l'eau tiède puis versez-la sur la farine. Remuez bien avec une cuillère puis commencez à pétrir le mélange dans le bol jusqu'à ce qu'il forme une pâte molle et légèrement collante. S'il est trop sec, ajoutez un peu d'eau froide.

2. Saupoudrez un peu de farine sur le plan de travail et pétrissez la pâte pendant 10 min. Remettez-le dans le bol de mixage et couvrez d'un film plastique graissé avec quelques gouttes d'huile d'olive. Laisser lever dans un endroit chaud pendant 1 heure ou jusqu'à ce que la taille double.

3. Chauffer le four à 220 ° C / 200 ° C / gaz 9 et placer une plaque à pâtisserie ou une pierre à pizza sur l'étagère supérieure pour chauffer. Une fois la pâte levée, repoussez-la en la frappant plusieurs fois avec votre poing puis

en la pétrissant à nouveau sur une surface farinée. Il doit être élastique et beaucoup moins collant. Réservez pendant que vous préparez la sauce.

4. Mettez tous les ingrédients de la sauce tomate dans un bol, assaisonnez avec du sel, du poivre et une pincée de sucre si vous le souhaitez et mélangez bien. Mettez de côté jusqu'à ce que vous en ayez besoin.

5. Divisez la pâte en 2 ou 4 morceaux (selon que vous voulez faire des pizzas grandes ou petites), façonnez en boules et aplatissez chaque morceau aussi fin que possible avec un rouleau à pâtisserie ou en utilisant vos mains. Assurez-vous que la pâte est bien saupoudrée de farine pour l'empêcher de coller. Saupoudrez une autre plaque à pâtisserie de farine, puis placez une base de pizza sur le dessus - étalez 4 à 5 cuillères à soupe de sauce tomate sur le dessus et ajoutez des tranches de tomates et du fromage végétalien râpé. Arrosez d'un peu d'huile d'olive et faites cuire au four sur le dessus de votre plaque à pâtisserie préchauffée pendant 10 à 12 minutes ou jusqu'à ce que la base soit gonflée

et que le fromage végétalien ait fondu et bouillonne et doré par plaques.

6. Répétez avec le reste de la pâte et de la garniture. Servir les pizzas avec des feuilles de basilic frais ou de l'huile de piment si vous le souhaitez et saupoudrer de parmesan végétalien juste après la cuisson.

10.Moussaka végétalienne

Ingrédients

- 30g de cèpes séchés
- 8 cuillères à soupe d'huile d'olive
- 1 oignon, haché finement
- 2 carottes, hachées finement
- 2 branches de céleri, hachées finement
- 4 gousses d'ail, tranchées
- quelques sources de thym
- 1 cuillère à café de purée de tomates
- 100 ml de vin rouge vegan (facultatif)
- 250g de lentilles vertes séchées
- 2 boîtes de 400g de tomates italiennes entières
- Paquet de 250g de champignons châtaignes, hachés
- Paquet de 250g de champignons portobello, tranchés
- 1 cuillère à café de sauce soja

- 1 cuillère à café de marmite
- 1 kg de pommes de terre farineuses (comme Maris Piper), pelées et hachées
- 1 ½ cuillère à café d'origan séché
- 3 aubergines, tranchées dans le sens de la longueur
- 150 ml de lait de soja

PAS

1. Versez 800 ml d'eau bouillante sur les cèpes séchés et laissez reposer 10 minutes jusqu'à ce qu'ils soient hydratés. Pendant ce temps, versez 1½ cuillère à soupe d'huile dans une grande casserole. Ajouter l'oignon, la carotte, le céleri et une pincée de sel. Cuire doucement en remuant pendant 10 minutes jusqu'à ce qu'ils soient tendres. Retirer les cèpes du liquide, garder le bouillon de champignons et les hacher grossièrement. Mettez les deux de côté.

2. Ajoutez l'ail et le thym dans la poêle. Cuire 1 min, puis incorporer la purée de tomates et cuire 1 minute de plus. Verser le vin rouge, si désiré, cuire jusqu'à ce qu'il soit presque réduit, puis ajouter les lentilles, le bouillon de champignons réservé et les tomates. Porter à ébullition, réduire le feu et laisser mijoter avec le couvercle.

3. Pendant ce temps, faites chauffer une grande poêle à frire. Ajouter 1½ cuillère à soupe d'huile et verser tous les champignons dans la poêle, y compris les champignons réhydratés.

Faites frire jusqu'à ce que toute l'eau se soit évaporée et que les champignons soient bien dorés. Versez la sauce soja. Mélangez bien le tout, puis grattez les champignons dans la casserole à lentilles.

4. Incorporer la marmite, puis continuer à cuire le ragoût, en remuant de temps en temps, à feu doux-moyen pendant 30 à 45 minutes jusqu'à ce que les lentilles soient cuites et que la sauce soit épaisse et réduite, en ajoutant de l'eau si nécessaire. Retirer les brins de thym et assaisonner au goût.

5. Chauffer le four à 180C / 160C ventilateur / gaz 4. Mettez les pommes de terre dans une casserole d'eau salée froide. Porter à ébullition, puis cuire jusqu'à ce que la purée soit possible.

6. Pendant ce temps, mélangez les 5 cuillères à soupe d'huile restantes avec l'origan, puis badigeonnez les tranches d'aubergine avec la plus grande partie et saupoudrez de sel de mer. Griller pendant 3 minutes de chaque côté jusqu'à ce qu'ils soient tendres.

7. Égouttez et écrasez les pommes de terre avec

le lait de soja. Assaisonner selon l'envie.

8. Verser le ragoût dans un grand plat à lasagnes (ou deux petits plats allant au four), déposer la moitié de l'aubergine, puis la purée. Badigeonner la purée d'huile d'origan restante, puis terminer en garnissant avec les tranches d'aubergine restantes. Cuire au four pendant 25 à 35 minutes jusqu'à ce qu'elles soient dorées et bouillonnantes.

11. Brownies végétaliens

Ingrédients

- 2 cuillères à soupe de graines de lin moulues
- 200g de chocolat noir, haché grossièrement
- ½ cuillère à café de grains de café
- 80 g de margarine végétalienne, plus un supplément pour le graissage
- 125g de farine auto-levante
- 70g d'amandes moulues
- 50g de cacao en poudre
- ¼ cuillère à café de levure chimique
- 250g de sucre en poudre doré
- 1½ cuillère à café d'extrait de vanille

PAS

1. Chauffer le four à 170C / 150C ventilateur / gaz 3½. Graisser et tapisser un moule carré de 20 cm de papier sulfurisé. Mélanger les graines de lin avec 6 cuillères à soupe d'eau et

réserver au moins 5 minutes.

2. Dans une casserole, faites fondre 120 g de chocolat, le café et la margarine avec 60 ml d'eau à feu doux. Laisser refroidir légèrement.

3. Mettez la farine, les amandes, le cacao, la levure chimique et $\frac{1}{4}$ cuillère à café de sel dans un bol et remuez pour enlever les grumeaux. À l'aide d'un fouet à main, mélanger le sucre dans le mélange de chocolat fondu et bien battre jusqu'à consistance lisse et brillante, en veillant à ce que tout le sucre soit bien dissous. Incorporer le mélange de graines de lin, l'extrait de vanille et le reste du chocolat, puis le mélange de farine. Verser dans le moule préparé.

4. Cuire au four de 35 à 45 minutes jusqu'à ce qu'une brochette insérée au centre en ressorte propre avec des miettes humides. Laisser refroidir complètement dans le moule, puis couper en carrés. Conserver dans un contenant hermétique et consommer dans les trois jours.

12.Plateau de pommes de terre, pesto et saucisses

Ingrédients

- 1 oignon rouge, coupé en quartiers
- 4 pommes de terre nouvelles, tranchées finement
- 6 artichauts en conserve ou en pot, coupés en deux
- 100g de tomates cerises
- 4 oignons nouveaux, coupés en deux dans le sens de la longueur
- 2 saucisses de porc, coupées en morceaux
- 1 cuillère à café de graines de fenouil
- 1 petit citron, coupé en quartiers
- ½ cuillère à soupe d'huile d'olive
- 400g de flageolet ou de haricots beurre égouttés et rincés
- 150 ml de bouillon de légumes faible en sel
- 2 cuillères à soupe de pesto frais
- pain croustillant, pour servir (facultatif)

PAS

1. Chauffer le four à 200C / 180C ventilateur / gaz 4. Mélanger l'oignon rouge, les pommes de terre, les artichauts, les tomates, les oignons nouveaux, les saucisses, les graines de fenouil et les quartiers de citron dans une plaque à pâtisserie ou un plat allant au four de 20 x 20 cm. Arrosez d'huile et assaisonnez au goût (vous n'aurez pas besoin de beaucoup de sel, car les saucisses peuvent être assez salées).

2. Rôtir pendant 20 minutes, puis ajouter les haricots et le bouillon. Rôtir encore 35 minutes, puis retirer du four, mélanger le pesto et servir avec du pain croustillant, si vous le souhaitez.

13.Tarte aux flocons de maïs facile

Ingrédients

- 320g de pâte brisée prête à rouler
- farine ordinaire, saupoudrer
- 50g de beurre
- 125g de sirop doré
- 25g de sucre roux brun clair
- 100g de cornflakes
- 125g de confiture de fraises ou de framboises
- crème anglaise, pour servir

PAS

1. Chauffer le four à 180 ° C / 160 ° C ventilateur / gaz 4. Dérouler la pâte et l'étaler brièvement sur une surface de travail légèrement farinée jusqu'à ce qu'elle soit assez grande pour contenir un moule à tarte à fond lâche de 23 cm. Utilisez le rouleau à pâtisserie pour soulever la pâte sur le moule, puis appuyez sur les coins et les côtés pour que

l'excédent de pâte dépasse le bord. Coupez-le, en laissant juste une petite quantité d'excédent sur la jante.

2. Tapisser la pâte de papier sulfurisé et garnir de haricots ou de riz non cuit. Cuire au four pendant 15 minutes. Retirez le papier sulfurisé et les haricots, puis faites cuire encore 5 à 10 minutes jusqu'à ce qu'ils soient dorés. Retirer du four et couper l'excédent de pâte sur les bords à l'aide d'un couteau dentelé.

3. Chauffer le beurre, le sirop et le sucre dans une petite casserole avec une pincée de sel, en remuant fréquemment, jusqu'à ce qu'ils soient fondus et lisses. Incorporer les cornflakes pour les enrober du mélange de beurre.

4. Versez la confiture dans la base de pâte cuite, puis nivelez la surface. Versez le mélange de cornflake sur la confiture et appuyez doucement jusqu'à ce que toute la confiture soit recouverte d'une couche du mélange. Remettre la tarte au four et cuire encore 5 minutes jusqu'à ce que les cornflakes soient dorés et grillés. Laisser refroidir jusqu'à ce qu'il soit juste chaud avant de trancher et de

servir avec la crème anglaise.

14.Pain aux bananes sans gluten

Ingrédients

- 5 petites bananes mûres (4 écrasées, 1 tranchée au milieu pour décorer le dessus)
- 150g de farine auto-levante sans gluten
- 100g d'avoine sans gluten
- 50g d'amandes moulues
- 1 cuillère à café de levure chimique sans gluten
- 1 cuillère à café de cannelle
- 90g de cassonade foncée
- 90g de sucre en poudre
- 100g de beurre fondu
- 2 gros œufs battus
- 1 cuillère à soupe de sucre glace

PAS

1. Chauffer le four à 180 ° C / 160 ° C ventilateur / gaz 4 et tapisser un moule à pain de 900 g avec du papier sulfurisé (notre boîte mesurait

19 x 9 x 6 cm). Mettez tous les ingrédients, sauf la banane tranchée, 1 c. À soupe de sucre en poudre et le sucre glace, dans un grand bol et remuez jusqu'à consistance lisse et homogène.

2. Versez dans le moule et placez les deux moitiés de banane restantes, côté coupé vers le haut, sur le dessus de la pâte, en appuyant légèrement. Saupoudrer de sucre en poudre. Cuire au four de 1 h à 1 h 15 min jusqu'à ce qu'une brochette en ressorte propre, en la recouvrant de papier d'aluminium vers la fin de la cuisson si elle brunit trop.

3. Saupoudrer de sucre glace et laisser refroidir.

15 Curry de poisson à la noix de coco et au chou frisé

Ingrédients

- 1 cuillère à soupe d'huile de colza
- 1 oignon, tranché
- morceau de gingembre de la taille d'un pouce, coupé en allumettes
- 1 cuillère à café de curcuma
- 3-4 cuillères à soupe de pâte de curry douce (Keralan fonctionne bien)
- 150g de tomates cerises coupées en deux
- 150g de chou frisé haché
- 1 piment rouge, coupé en deux
- 325 ml de lait de coco faible en gras
- 300 ml de bouillon faible en sel
- 250g de riz brun
- 100g de crevettes royales surgelées
- 2 filets de morue, coupés en morceaux
- 2 limes, pressées
- ½ petit bouquet de coriandre, hachée

- poignée de flocons de noix de coco grillés (facultatif)

PAS

1. Faites chauffer l'huile dans une cocotte. Faites cuire l'oignon avec une pincée de sel pendant 10 min jusqu'à ce qu'il commence à caraméliser. Incorporer le gingembre, le curcuma et la pâte de curry et cuire 2 min.

2. Ajouter les tomates, le chou frisé et le piment, puis verser le lait de coco et le bouillon. Laisser mijoter pendant 10 à 15 minutes ou jusqu'à ce que les tomates commencent à ramollir. Retirez le piment et jetez-le.

3. Faites cuire le riz en suivant les instructions de l'emballage. Remuez doucement les crevettes et la morue dans le curry, puis faites cuire encore 3 à 5 minutes. Pressez le citron vert et mélangez à travers la moitié de la coriandre. Pour servir, parsemer le reste de coriandre et les flocons de noix de coco, si vous le souhaitez. Servir avec le riz.

Tarte au brownie au chocolat et à l'orange

Ingrédients

- Paquet de 320g de pâte brisée prête à l'emploi
- 120g de chocolat noir, haché
- 120g de beurre, coupé en cubes
- 2 oeufs
- 80g de sucre en poudre doré
- 80 g de sucre roux brun clair
- 80g de farine tout usage
- 1 orange, zestée et pressée et plus de zeste à servir
- crème fraîche à servir

PAS

1. Chauffer le four à 180 ° C / ventilateur 160 ° C / gaz 4. Démêler la feuille de pâte brisée et recouvrir un moule à tarte de 20 cm. Appuyez sur les côtés de la boîte et coupez légèrement sur les bords, en laissant un peu en surplomb. Tapisser la pâte d'un morceau de papier sulfurisé froissé et la remplir de riz cru ou de haricots secs. Cuire au four pendant 15 minutes, retirer le papier et cuire encore 5 à 10 minutes jusqu'à ce qu'il soit sec.

2. Pendant la cuisson de la pâte, mettez le beurre et le chocolat dans un bol résistant à la chaleur placé au-dessus d'une casserole d'eau frémissante et faites fondre ensemble, en remuant souvent. Une fois fondu, retirer du feu et laisser refroidir légèrement. Ajoutez une pincée de sel si votre beurre n'est pas salé.

3. Fouetter ensemble les œufs et les sucres brièvement dans un bol jusqu'à homogénéité, puis incorporer le chocolat fondu et le beurre. Passer au tamis sur la farine et incorporer jusqu'à ce que tout soit mélangé. Incorporer le

jus et le zeste d'orange.

4. Coupez les bords de la tarte à pâtisserie avec un couteau dentelé pour bien nettoyer et déposez le mélange de brownie au centre. Lissez avec le dos d'une cuillère ou d'une spatule et faites cuire encore 30 à 35 minutes jusqu'à ce que le dessus forme une croûte et que la garniture ne soit plus humide mais légèrement bancale.

5. Laisser refroidir pendant 15 minutes avant de démouler si elle est chaude ou servir à température ambiante. Servir avec une cuillerée de crème fraîche et un peu plus de zeste d'orange râpé. Se conserve 3 jours dans un contenant hermétique.

17 Curry de poulet au beurre d'arachide

Ingrédients

- 1 gros poulet, articulé ou 1,5 kg de morceaux de poulet avec os
- 6 gousses d'ail, 2 finement hachées, 4 laissées entières
- 3 tiges de citronnelle, coupées et hachées grossièrement
- morceau de gingembre de la taille d'un pouce, pelé et haché finement
- 1 cuillère à soupe de cumin moulu
- 1 cuillère à soupe de coriandre moulue
- 1 cuillère à soupe de curcuma moulu
- 2 limes, pressées
- 2 piments rouges, 1 grossièrement haché et 1 tranché pour servir (facultatif)
- 1 petit oignon, haché grossièrement
- 2 cuillères à soupe d'huile végétale
- 100g de beurre d'arachide onctueux
- 4 cuillères à soupe de kecap Manis, ou 3

cuillères à soupe de sauce soja mélangée à 1 cuillère à soupe de sucre roux

- 400g de lait de coco

Servir

- quelques oignons nouveaux, hachés
- petite poignée de coriandre, hachée
- petite poignée d'arachides grillées, hachées grossièrement (facultatif)

PAS

1. Mettez le poulet, l'ail haché, un tiers de la citronnelle et la moitié du gingembre, les épices et le jus de citron vert dans un grand bol. Mélanger, puis couvrir et laisser reposer 30 minutes, ou réfrigérer jusqu'à 24 heures. Mélangez l'ail entier, le reste de la citronnelle et du gingembre, les épices restantes, le piment haché, l'oignon et un grand filet d'eau dans un robot culinaire. Mettre de côté.

2. Faites chauffer l'huile dans une poêle et faites dorer le poulet de partout. Réserver sur une assiette. Faites cuire la pâte pendant 8 à 10 minutes jusqu'à ce qu'elle se fendille. Incorporer le beurre de cacahuète et le kecap Manis. Une fois épaissi, ajoutez le lait de coco et une demi-boîte d'eau, portez à ébullition, assaisonnez, puis ajoutez le poulet avec son jus. Continuez à mijoter pendant 40 minutes, en remuant souvent. Éteignez le feu, ajoutez le reste du jus de citron vert et assaisonnez. Laisser reposer 10 min. Répartir sur les tranches de piment, les oignons nouveaux, la coriandre fraîche et les arachides pour servir.

18. Tarte au banoffee facile

Ingrédients

- 225g de biscuits digestifs
- 150g de beurre fondu
- 397g de caramel ou 400g de dulce de leche
- 3 petites bananes, tranchées
- 300 ml de crème double
- 1 cuillère à soupe de sucre glace
- 1 carré de chocolat noir (facultatif)

PAS

1. Écrasez les biscuits digestifs, soit à la main à l'aide d'une cuillère en bois, soit dans un robot culinaire, jusqu'à obtenir de fines miettes, versez-les dans un bol. Mélangez les biscuits écrasés avec le beurre fondu jusqu'à homogénéité. Versez le mélange dans un moule à tarte cannelé à fond lâche de 23 cm et couvrez le moule, y compris les côtés, avec le biscuit en une couche uniforme. Poussez vers le bas avec le dos d'une cuillère pour lisser la

surface et laissez refroidir pendant 1 heure ou toute la nuit.

2. Battre le caramel pour le décoller et le déposer sur le fond de la base de biscuit. Étalez-le uniformément à l'aide d'une cuillère ou d'un couteau à palette. Poussez doucement la banane hachée dans le dessus du caramel jusqu'à ce que la base soit couverte. Mettez au frigo.

3. Fouettez la crème avec le sucre glace jusqu'à ce qu'elle soit gonflée et épaisse. Sortez la tarte du réfrigérateur et déposez la crème fouettée sur les bananes. Râpez le chocolat noir sur la crème, si vous le souhaitez, et servez.

19.Pommes de terre au curry de pois chiches végétaliens

Ingrédients

- 4 patates douces
- 1 cuillère à soupe d'huile de coco
- 1 ½ cuillère à café de graines de cumin
- 1 gros oignon, coupé en dés
- 2 gousses d'ail écrasées
- morceau de gingembre de la taille d'un pouce, finement râpé
- 1 piment vert, haché finement
- 1 cuillère à café de garam masala
- 1 cuillère à café de coriandre moulue
- ½ cuillère à café de curcuma
- 2 cuillères à soupe de pâte de tikka masala
- 2 boîtes de 400g de tomates hachées
- 2 boîtes de 400g de pois chiches, égouttés
- quartiers de citron et feuilles de coriandre, pour servir

PAS

1. Chauffer le four à 200C / 180C ventilateur / gaz 6. Piquer les patates douces partout avec une fourchette, puis mettre sur une plaque à pâtisserie et rôtir au four pendant 45 minutes ou jusqu'à ce qu'elles soient tendres quand on les perce avec un couteau.

2. Pendant ce temps, faites fondre l'huile de coco dans une grande casserole à feu moyen. Ajouter les graines de cumin et faire frire pendant 1 min jusqu'à ce qu'elles soient parfumées, puis ajouter l'oignon et faire frire pendant 7 à 10 minutes jusqu'à ce qu'elles soient ramollies.

3. Mettez l'ail, le gingembre et le piment vert dans la poêle et faites cuire 2-3 min. Ajouter les épices et la pâte de tikka masala et cuire encore 2 minutes jusqu'à ce qu'elles soient parfumées, puis verser les tomates. Porter à ébullition, puis verser les pois chiches et cuire encore 20 minutes jusqu'à épaississement. Saison.

4. Mettez les patates douces rôties sur quatre

assiettes et coupez-les dans la longueur. Verser sur le curry de pois chiches et presser sur les quartiers de citron. Assaisonner, puis parsemer de coriandre avant de servir.

20. Truffes au chocolat végétaliennes

Ingrédients

- 200g de chocolat noir sans produits laitiers, haché finement
- 100 ml de lait végétal (nous avons utilisé de l'avoine)
- 1 cuillère à soupe de sucre en poudre
- 1 cuillère à café d'extrait de vanille
- 2 cuillères à soupe de cacao en poudre

PAS

1. Mettez le chocolat dans un bol moyen résistant à la chaleur. Versez le lait, le sucre et la vanille dans une petite casserole, puis portez à ébullition à feu moyen en remuant de temps en temps.
2. Versez le mélange de lait chaud sur le chocolat, laissez reposer 1 min, puis remuez jusqu'à ce que le chocolat ait fondu et que le mélange soit homogène. Couvrir et réfrigérer pendant 4 heures jusqu'à ce que le tout soit

pris.

3. Rouler des cuillères à café du mélange en boules à l'aide de vos mains, puis transférer sur une petite plaque à pâtisserie ou une assiette - vous aimerez peut-être porter des gants. Vous devriez avoir environ 20 balles.

4. Mettez la poudre de cacao sur une assiette peu profonde et roulez-y les truffes refroidies jusqu'à ce qu'elles soient bien enrobées, en enlevant tout excès, si nécessaire. Détendez-vous jusqu'à ce que vous soyez prêt à offrir. Se conserve au réfrigérateur jusqu'à quatre jours.

21.POULET tikka masala

Ingrédients

- 8 cuisses de poulet avec os
- 1 citron vert, pressé

Pour la marinade

- 2 gros morceaux de gingembre
- 10 gousses d'ail pelées
- 400 ml de yogourt grec
- une pincée de poudre de piment
- 1 cuillère à café de coriandre moulue
- 1 cuillère à café de cumin moulu
- 1 cuillère à café de garam masala
- 1 cuillère à café de curcuma
- 1 petit piment vert
- colorant alimentaire rouge (facultatif)

Pour la sauce

- 3 cuillères à soupe de beurre ou de ghee
- 1 gros oignon, haché finement

- 1½ cuillère à café de graines de cumin
- 1½ cuillère à café de graines de moutarde
- ½ cuillère à café de fenugrec en poudre
- ½ cuillère à café de paprika en poudre
- 4 gousses de cardamome, légèrement écrasées
- 1 gros morceau de cannelle
- 1 cuillère à soupe de purée de tomates
- 50g d'amandes moulues
- une pincée de cassonade
- 1 cuillère à soupe de vinaigre de malt
- 680 ml de passata
- 100 ml de crème fraîche ou de crème double
- feuilles de coriandre fraîche, amandes effilées, garam masala et sel fumé (facultatif), pour servir

PAS

1. Retirez la peau du poulet et coupez chaque cuisse deux ou trois fois. Mettre dans un bol ou un récipient en plastique et mélanger avec le jus de lime et ½ cuillère à café de sel. Réserver pendant que vous préparez la marinade.

2. Dans un petit robot culinaire, blitz le gingembre et l'ail pour faire une pâte, en ajoutant un peu d'eau si nécessaire. Réserver la moitié de la pâte pour la sauce. Versez le reste des ingrédients de la marinade dans le robot culinaire, puis mélangez jusqu'à obtenir une pâte lisse. Versez la pâte sur le poulet et laissez mariner pendant au moins 4 heures (une nuit ou 24 heures, c'est encore mieux).

3. Pour faire la sauce, faites chauffer 2 cuillères à soupe de ghee ou de beurre dans une grande poêle peu profonde avec un couvercle. Cuire les oignons 15 min à feu moyen jusqu'à ce qu'ils commencent à dorer. Ajouter les épices et le reste de l'ail et de la pâte de gingembre et cuire 2 min. Incorporer la purée de tomates, les amandes moulues, une pincée de sucre et

de vinaigre. Faites cuire environ 1 min. Versez la passata, puis remplissez le pot ou le carton à moitié avec de l'eau et ajoutez-la également. Porter à ébullition douce, puis cuire 2-3 heures jusqu'à ce que vous ayez une sauce épaisse et rouge. Peut être conservé au réfrigérateur jusqu'à 48 heures pendant que vous faites mariner le poulet.

4. Réglez le gril à son réglage le plus élevé. Soulevez le poulet de la marinade, essuyez tout excès dans le plat et réservez pour la sauce. Disposer le poulet sur une grande plaque à pâtisserie, côté coupé vers le haut. Mettez sous le gril pendant 10 à 15 minutes jusqu'à ce qu'ils soient carbonisés et commencent à noircir. Retirer la lèchefrite du four et réserver avec le jus de cuisson. Réchauffez la sauce en ajoutant la marinade réservée, puis versez le poulet et le jus de cuisson avec la crème fraîche ou la crème dans la sauce au curry. Cuire 40 minutes jusqu'à ce que le poulet soit complètement tendre. Incorporer le reste du beurre ou du ghee à la fin.

5. Laisser reposer le curry quelques minutes, puis assaisonner avec le garam masala et le sel

fumé, le cas échéant. Saupoudrez de coriandre et d'amandes effilées, puis servez avec du pain naan et du riz, si vous le souhaitez.

22.Pizza avec sauce maison

Ingrédients

- 300g de farine à pain blanche forte, plus un supplément pour saupoudrer
- 1 cuillère à café de levure instantanée
- 1 cuillère à soupe d'huile d'olive
- Pour la sauce tomate
- 1 cuillère à soupe d'huile d'olive, plus un filet
- 2 gousses d'ail écrasées
- 200 ml de passata

Pour la garniture

- 8 perles de mozzarella, coupées en deux
- petit bouquet de basilic frais

PAS

1. Versez la farine dans un bol, puis ajoutez la levure et 1 cuillère à café de sel. Faites un puits au centre et versez 200 ml d'eau tiède (assurez-vous qu'il ne soit pas trop chaud) avec l'huile. Remuez avec une cuillère en bois jusqu'à obtenir une pâte molle et assez humide.

2. Versez la pâte sur une surface légèrement farinée et pétrissez pendant 5 minutes jusqu'à consistance lisse. Couvrir d'un torchon et réserver environ une heure ou jusqu'à ce que la pâte ait gonflé et doublé de volume. Vous pouvez également laisser la pâte brute et non pétrie dans le bol, la couvrir d'un torchon et la laisser au réfrigérateur pendant la nuit et la pâte continuera à se développer d'elle-même.

3. Pendant ce temps, préparez la sauce tomate. Mettez l'huile dans une petite casserole et faites revenir l'ail brièvement (ne le laissez pas brunir), puis ajoutez la passata et laissez mijoter le tout jusqu'à ce que la sauce épaississe un peu. Laisser refroidir.

4. Une fois la pâte levée, pétrissez-la rapidement dans le bol pour la faire tomber, puis basculez-la sur une surface légèrement farinée et coupez-la en deux boules. Étalez chaque boule en une grande larme très fine et d'environ 25 cm de diamètre (les formes en forme de larme s'adaptent plus facilement aux plaques à pâtisserie que les rondes).

5. Chauffer le four à 240C / 220C ventilateur / gaz 9 avec une grande plaque à pâtisserie à l'intérieur. Soulevez l'une des bases sur une autre plaque à pâtisserie farinée. Lisser la sauce sur la base avec le dos d'une cuillère, parsemer sur la moitié de la mozzarella, arroser d'huile d'olive et assaisonner. Mettre la pizza, toujours sur sa plaque à pâtisserie, sur la plaque chaude au four et cuire au four pendant 8 à 10 minutes jusqu'à ce qu'elle soit croustillante.

23 Beignets de maïs sucré avec œufs et salsa de haricots noirs

Ingrédients

Pour les beignets et les œufs

- 1 cuillère à café d'huile de colza
- 1 petit oignon rouge (85g), haché finement
- 1 poivron rouge, épépiné et coupé en petits dés
- 100g de farine entière à levée automatique
- 1 cuillère à café de paprika fumé
- 1 cuillère à café de coriandre moulue
- 1 cuillère à café de levure chimique
- 325 g de maïs doux, égoutté
- 6 gros œufs
- Pour la salsa
- 1 petit oignon rouge (85g), haché finement
- 4 tomates (320g), hachées
- 2 boîtes de 400g de haricots noirs, égouttés
- 1 citron vert, zesté et pressé
- $\frac{1}{2}$ paquet de 30 g de coriandre, hachée

PAS

1. Chauffer le four à 200C / 180C ventilateur / gaz 6 et tapisser une grande plaque à pâtisserie de papier sulfurisé.

2. Faites chauffer l'huile dans une petite poêle et faites revenir l'oignon et le poivron pendant 5 minutes jusqu'à ce qu'ils soient ramollis. Pendant ce temps, mélangez la farine, les épices et la levure chimique dans un bol. Ajouter les oignons, le poivron, le maïs et 2 des œufs, puis bien mélanger.

3. Répartir huit monticules du mélange sur la plaque à pâtisserie, bien espacés, puis aplatir légèrement avec le dos de la cuillère. Cuire au four pendant 20 minutes jusqu'à ce qu'ils soient pris et dorés.

4. Pendant ce temps, mélanger les ingrédients de la salsa et pocher 2 des œufs restants à votre goût. Si vous suivez notre régime alimentaire sain, servez quatre beignets le jour de leur préparation, garnis de la moitié de la salsa et des œufs pochés. Refroidissez les beignets restants pour un autre jour. Réchauffez-les

dans une poêle ou au micro-ondes et servez avec 2 autres œufs pochés et le reste de la salsa.

24.Gâteau au chocolat sans farine

Ingrédients

- 225g de beurre salé, coupé en cubes, et plus pour le moule
- 300g de chocolat noir, haché grossièrement
- 1 cuillère à soupe de café en poudre
- 6 gros œufs, blancs et jaunes séparés
- 100g de cassonade douce
- 200g de sucre en poudre
- 2 cuillères à café de pâte de vanille
- 30g de cacao en poudre
- baies, pour servir (facultatif)

PAS

1. Chauffer le four à 160 ° C / 140 ° C ventilateur / gaz 3. Beurrer un moule à gâteau à charnière de 23 cm et tapisser la base de papier sulfurisé.
2. Faites fondre le beurre et le chocolat dans un

bol moyen résistant à la chaleur au micro-ondes ou dans une casserole d'eau frémissante. Mélangez la poudre de café avec 2 cuillères à soupe d'eau chaude jusqu'à dissolution. Incorporer le café au chocolat et laisser refroidir légèrement.

3. Fouettez les blancs d'œufs dans un grand bol pendant 2 minutes avec un fouet électrique jusqu'à ce que des pics mous se forment. Dans un autre grand bol, fouetter les sucres, la vanille et les jaunes d'œufs pendant 5 à 8 minutes, ou jusqu'à ce qu'ils soient pâles et mousseux. Tamisez la poudre de cacao dans le mélange de jaune d'oeuf et mélangez doucement pour combiner.

4. Incorporer le chocolat refroidi au mélange de jaunes d'œufs, puis incorporer délicatement les blancs d'œufs jusqu'à consistance lisse. Transférer dans le moule et cuire 1 h à 1 h 20, ou jusqu'à ce qu'une brochette insérée au milieu du gâteau en ressorte propre. Laisser refroidir, retirer du moule et servir avec des baies fraîches, si vous le souhaitez.

25.Burger végétalien

Ingrédients

- ❖ 1 échalote ou ½ oignon, haché
- ❖ 1 morceau de céleri, ou ¼ de poivron rouge, haché
- ❖ poignée de feuilles de persil
- ❖ 400g de pois chiches égouttés et laissés à sécher un peu
- ❖ 1 à 2 cuillères à café de garam masala
- ❖ 1 cuillère à soupe de purée de tomates
- ❖ 2 cuillères à soupe de farine tout usage
- ❖ 1 cuillère à soupe de polenta, de couscous ou de chapelure séchée
- ❖ huile de friture
- ❖ pains à hamburger ou pain pitta, laitue, tomate et sauces à servir

PAS

1. Fouettez l'échalote, le céleri, le persil et la

plupart des pois chiches en une pâte grossière. N'en faites pas trop, vous voulez une texture légèrement plus rugueuse que le houmous. Écrasez les pois chiches restants et incorporez-les à la pâte avec le garam masala, la purée de tomates, la farine et la polenta. Assaisonnez bien.

2. Façonnez le mélange en quatre galettes. Laissez-les reposer pendant au moins 30 minutes - vous pouvez les laisser toute la nuit au réfrigérateur si vous le souhaitez. La polenta a besoin de temps pour absorber tout liquide supplémentaire.

3. Faites chauffer un peu d'huile dans une poêle antiadhésive et faites cuire les galettes jusqu'à ce qu'elles soient dorées et croustillantes de chaque côté. Essayez de ne pas trop les manipuler car ils seront assez doux lorsqu'ils seront chauds. Glissez-les dans des petits pains ou des pitta avec les accompagnements que vous souhaitez.

26 Boules de pâte à l'ail farcies au fromage avec une sauce tomate

Ingrédients

- 50g de beurre, coupé en cubes
- 300g de farine de pain blanc forte
- Sachet de 7g de levure sèche à action rapide
- 1 cuillère à soupe de sucre en poudre
- Bloc de 200g de mozzarella, coupé en cubes de 1,5 cm
- 65g de gruyère râpé grossièrement (facultatif)
- Pour le beurre à l'ail
- 100g de beurre
- 2 gousses d'ail écrasées
- 1 brin de romarin, feuilles cueillies et hachées finement
- Pour la sauce tomate
- 1 cuillère à soupe d'huile d'olive, plus un supplément pour le bol et la plaque à pâtisserie
- 1 gousse d'ail, tranchée

- 250g de passata
- 1 cuillère à café de vinaigre de vin rouge
- 1 cuillère à café de sucre en poudre
- pincée de flocons de piment
- ½ petit bouquet de basilic, déchiré, plus un supplément pour servir

PAS

1. Faites chauffer 175 ml d'eau dans une casserole jusqu'à ce qu'elle soit fumante, puis ajoutez le beurre. Retirer du feu et laisser refroidir jusqu'à ce que le mélange soit juste chaud (il ne doit pas être chaud). Mélanger la farine, la levure, le sucre et 1 cuillère à café de sel dans un grand bol ou un batteur sur socle. Ajouter le mélange de beurre refroidi et mélanger à une pâte molle à l'aide d'une cuillère en bois ou du mélangeur. Pétrir 10 minutes à la main (ou 5 minutes à l'aide d'un mixeur) jusqu'à ce que la pâte soit rebondissante et lisse. Transférer dans un bol huilé et couvrir d'un torchon propre. Laisser un endroit chaud pour lever pendant 1h30 à 2 heures, ou jusqu'à ce qu'il double de volume. Sinon, laissez reposer au réfrigérateur pendant la nuit.

2. Huiler et tapisser une plaque à pâtisserie de papier sulfurisé. Éliminez l'air de la pâte, puis pétrissez à nouveau pendant plusieurs minutes. Aplatir un petit morceau de pâte (environ 20g) dans un disque, et mettre un cube de

mozzarella et une pincée de gruyère au milieu du disque. Entourez les fromages de la pâte, puis roulez-les en boule. Transférer sur la plaque à pâtisserie préparée. Répétez avec le reste du fromage et de la pâte, en plaçant les boules de pâte à ½ cm l'une de l'autre sur la plaque à pâtisserie - elles devraient juste se toucher après la levée. Couvrir d'un torchon propre et laisser lever pendant 30 minutes dans un endroit chaud.

3. Pendant ce temps, préparez le beurre à l'ail. Faire fondre le beurre dans une petite casserole à feu doux, puis incorporer l'ail et le romarin. Retirer du feu et réserver jusqu'à ce que vous en ayez besoin. Chauffer le four à 180C / 160C ventilateur / gaz 4. Badigeonner les boules de pâte levées avec le beurre à l'ail, puis cuire au four pendant 25-30 minutes jusqu'à ce que les boules de pâte soient bien cuites et que le milieu suinte.

4. Pendant la cuisson des boules de pâte, faites tremper la sauce tomate. Faites chauffer l'huile dans une casserole et faites revenir l'ail pendant 30 secondes. Versez la passata, le vinaigre, le sucre et les flocons de piment,

et laissez mijoter pendant 10 minutes jusqu'à épaississement. Assaisonner au goût et incorporer le basilic. Badigeonner les boules de pâte chaudes avec le reste du beurre à l'ail, puis servir avec la sauce tomate à côté pour tremper.

27 Cocktail ouragan

Ingrédients

- 50 ml de rhum noir
- 50 ml de rhum blanc
- 1 fruit de la passion
- 1 orange, en jus
- 1 citron, pressé
- 50 ml de sirop de sucre
- 2 cuillères à café de grenadine
- Pour garnir
- 4 cerises à cocktail
- 2 tranches d'orange

PAS

1. Remplissez un shaker de glace puis ajoutez les rhums. Ramassez la chair et les graines du fruit de la passion et ajoutez-les au shaker avec les jus d'orange et de citron, le sirop de sucre et la grenadine.

2. Bien agiter jusqu'à ce que l'extérieur du shaker soit glacé. Remplissez deux verres d'ouragan avec de la glace fraîche puis filtrez deux fois la boisson dans les verres préparés.
3. Garnissez chacun d'eux d'une tranche d'orange embrochée sur un bâtonnet à cocktail et de quelques cerises à cocktail.

28 Salade de chou classique

Ingrédients

- 6 carottes, pelées
- 1 petit chou blanc
- grosse pincée de sucre en poudre doré
- 3 cuillères à soupe de vinaigre de cidre
- 1 cuillère à soupe de moutarde (celle que vous avez)
- 200g de mayonnaise
- 1 pomme rouge, coupée en allumettes (facultatif)
- 100g de cheddar râpé (facultatif)

PAS

1. Râpez grossièrement la carotte et hachez finement le chou (utilisez un robot culinaire avec une lame à râper / émincer ou faites-le à la main) et versez-le dans un bol. Assaisonner de sel, puis ajouter le sucre et le vinaigre et mélanger le tout. Laisser reposer 20 min pour

que les légumes marinés très légèrement.

2. Incorporer la moutarde et la mayonnaise et ajouter les autres morceaux que vous voulez, puis servir. Peut être préparé un jour à l'avance et frais.

29.Gâteau au fromage arc-en-ciel

Ingrédients

- 1 tasse de beurre
- 140g de biscuits Oreo (ou similaire) de crème enlevée
- 140g de biscuits digestifs, broyés en miettes fines

Pour le remplissage

- 600g de fromage à pâte molle entière (nous avons utilisé du Philadelphia)
- 170g de sucre en poudre doré
- 2 cuillères à soupe de farine tout usage
- 1½ cuillère à café d'extrait de vanille
- 2 gros œufs
- 200g de crème sure
- colorants alimentaires en gel '

Pour la garniture

- crème double, fouettée pour décorer (facultatif)

PAS

1. Chauffer le four à un ventilateur / gaz de 180 ° C / 160 ° C 4. Tapisser la base d'une boîte à ressort de 20 cm en plaçant un morceau carré de papier sulfurisé ou de papier d'aluminium sur le dessus de la base de l'étain, puis en clippant le côté de sorte que le papier ou la feuille soit emprisonné tout excès dépasse du fond.

2. Pour la croûte, faites fondre 85 g de beurre dans une poêle moyenne. Incorporer les miettes de biscuit plus foncées pour que le mélange soit uniformément humide. Presser le mélange au fond de la casserole. Faire fondre le beurre restant et incorporer les miettes digestives comme avant. Faire une couche au-dessus du premier, tasser le tout fermement et cuire au four pendant 10 minutes. Laisser refroidir pendant la préparation de la garniture.

3. Augmentez la température du four à ventilateur 220C / 200C ventilateur / gaz 7.

Fouettez le fromage à pâte molle avec le sucre semoule, la farine ordinaire et une pincée de sel et l'extrait de vanille. Incorporer les œufs et la crème sure, mais ne pas trop battre. La pâte doit être lisse et très épaisse. Répartir la pâte également dans 6 bols et colorer chacun en violet, bleu, vert, jaune, orange et rouge.

4. Badigeonner les parois du moule de beurre fondu et déposer sur une plaque à pâtisserie. Mettre la garniture à la cuillère, en commençant par le rouge puis l'orange, le jaune, etc. Le mélange doit être suffisamment épais pour être cuillère et étaler soigneusement chaque couche sur l'autre. Cuire au four pendant 10 minutes.

5. Réduire la température du four à 110 ° C / 90 ° C ventilateur / gaz $\frac{1}{4}$ et cuire au four pendant 35 à 40 minutes de plus. Si vous secouez doucement le moule, la garniture devrait avoir une très légère oscillation au centre, si elle semble liquide, faites cuire un peu plus longtemps et vérifiez à nouveau. Éteignez le four et laissez refroidir avec la porte très légèrement entrouverte. Réfrigérez le

cheesecake refroidi jusqu'à ce que vous vouliez le servir. Décorez juste avant de servir.

6. Pour servir, fouetter la crème jusqu'à ce qu'elle soit suffisamment épaisse pour la pipe. Verser la crème et déposer des gouttes ou des rosaces sur le gâteau au fromage. Pour les rosaces arc-en-ciel, à l'aide d'un pinceau, faites des rayures arc-en-ciel de couleur alimentaire à l'intérieur d'une poche à douille munie d'une buse avant de mettre la crème à la cuillère.

30. Tarte à la lime clé de niveau suivant

Ingrédients

Pour la pâtisserie

- 200g de farine ordinaire, plus un supplément pour saupoudrer
- 50g d'amandes moulues
- 1 cuillère à café de gingembre moulu
- 75 g de sucre glace
- 125g de beurre froid, coupé en dés
- 2 jaunes d'oeuf
- Pour le remplissage
- 2 boîtes de 397 g de lait concentré
- 6 jaunes d'oeuf
- 2 cuillères à soupe de sucre glace
- 9 limes, pressées (environ 300 ml), 6 zestées, plus 1 finement parée, pour servir
- 2 citrons, pressés

Pour la crème

- 200 ml de crème double

- 50 g de sucre roux brun clair
- $\frac{1}{4}$ cuillère à café d'extrait de vanille
- 100 ml de crème sure

PAS

1. Pour faire la pâte, versez la farine, les amandes, le gingembre, le sucre et le beurre dans un robot culinaire et mélangez jusqu'à ce que le mélange ressemble à de la chapelure, puis ajoutez les jaunes d'œufs et mélangez jusqu'à ce que la pâte se rassemble. Basculez sur une surface de travail et pétrissez en boule. Abaissez-le sur une surface légèrement farinée jusqu'à ce qu'il ait la bonne taille pour tapisser un moule à tarte profond de 25 cm avec un léger surplomb. Si la pâte se fissure, utilisez les garnitures pour la rafistoler. Faites refroidir la tarte au réfrigérateur pendant au moins 30 minutes ou, s'il y a de la place, au congélateur.

2. Chauffer le four à 180C / 160C ventilateur / gaz 4. Produire la base de la tarte avec une fourchette, puis tapisser de papier d'aluminium et remplir de haricots secs, de riz ou de haricots secs. Cuire au four pendant 10 minutes, puis sortir du four, jeter le papier d'aluminium et cuire encore 20 minutes jusqu'à ce que le biscuit soit doré.

3. Pendant que le fond de tarte cuit, préparez la garniture. Fouettez le lait concentré avec les jaunes d'œufs, le sucre glace et le zeste de citron vert, puis versez le jus progressivement jusqu'à homogénéité. Lorsque le fond de tarte est prêt, sortez du four et abaissez la température à 160C / 140C ventilateur / gaz 3. Coupez la pâte en surplomb, versez la garniture et faites cuire au four pendant 25-30 minutes jusqu'à ce qu'elle soit juste prise avec un très léger vacillement. Laisser refroidir complètement dans le moule et réfrigérer pendant au moins 1 heure. Se conserve au frais jusqu'à deux jours.

4. Pour servir, faites la garniture en fouettant la crème double avec la cassonade légère, la vanille et une pincée de sel de mer jusqu'à ce qu'elle garde sa forme, puis incorporez la crème sure jusqu'à ce qu'elle soit complètement mélangée. Sortez la tarte de son moule et déposez soigneusement les flots de crème sur le dessus de la tarte. Terminer par une pincée de zeste de citron vert épépiné, puis servir en tranches.

31. Pizza sans gluten

Ingrédients

Pour la base sans gluten

- 400g de farine à pain sans gluten
- 2 cuillères à café de sucre en poudre doré
- 2 cuillères à café de levure chimique sans gluten
- 1 cuillère à café de sel fin
- 1 cuillère à café de gomme xanthane
- 5 cuillères à soupe d'huile d'olive

Pour la sauce et la garniture

- 2 cuillères à soupe d'huile d'olive
- 1 petit oignon, haché finement
- 1 boîte de 400g de tomates hachées
- 2 cuillères à soupe de purée de tomates
- 1 cuillère à café de sucre en poudre
- ½ petit bouquet de basilic, feuilles déchiquetées
- 2 x 125g boules de mozzarella de buffle

PAS

1. Chauffer le four à 220C / 200 ventilateur / gaz 7 et mettre deux plaques à pâtisserie à l'intérieur.

2. Préparez la sauce: faites chauffer l'huile dans une petite casserole et faites cuire l'oignon avec une généreuse pincée de sel pendant 10 min à feu doux jusqu'à ce qu'il soit ramolli. Ajouter les tomates hachées, la purée et le sucre et porter à ébullition douce. Cuire à découvert pendant 25 à 30 minutes ou jusqu'à ce que le tout soit réduit et épais, en remuant régulièrement. Blitz la sauce avec un mélangeur à main jusqu'à consistance lisse. Assaisonner au goût et incorporer le basilic. Laisser refroidir un peu.

3. Préparez la pâte: mélangez la farine, le sucre, la levure chimique, le sel et la gomme xanthane dans un grand bol. Faites un puits au centre et versez 250 ml d'eau tiède et l'huile d'olive. Combinez rapidement avec vos mains pour créer une texture épaisse, humide et pâteuse, en ajoutant 20 ml d'eau tiède supplémentaire si la pâte est un peu sèche. Conserver dans un

récipient hermétique ou un bol couvert au réfrigérateur jusqu'à 24 heures avant utilisation. Fariner légèrement deux autres plaques à pâtisserie. Divisez la pâte en deux et aplatissez avec vos doigts en ronds de 20 à 25 cm sur les feuilles.

4. Terminer les bases avec une fine couche de sauce et de la mozzarella déchirée. Placez les plaques à pâtisserie sur les plaques à pâtisserie chaudes dans le four et faites cuire pendant 8 à 10 minutes ou jusqu'à ce qu'elles soient croustillantes sur les bords.

32.Gâteau au fromage au chocolat sans cuisson

Ingrédients

- 130g de beurre fondu, plus un supplément pour le moule
- 300g de biscuits digestifs au chocolat
- 150 g de chocolat au lait
- 150g de chocolat noir
- 250g de mascarpone
- 300g de fromage à la crème (ne pas utiliser de variété faible en gras)
- 50 g de sucre glace
- 25g de poudre de lait malté (nous avons utilisé Horlicks)
- 25g de chocolat chaud en poudre
- 1 cuillère à café d'extrait de vanille
- 300 ml de crème double
- 150g de Maltesers (100g hachés, 50g entiers), plus une poignée pour décorer
- 100g de boutons de chocolat, hachés grossièrement

PAS

1. Beurrer et tapisser un moule à gâteau à charnière de 23 cm. Blitz les biscuits dans un robot culinaire pour former de fines miettes, puis ajoutez le beurre et blitz à nouveau. Versez le mélange de biscuits dans le moule et appuyez fermement avec le dos d'une cuillère. Refroidissez au réfrigérateur pendant que vous faites la garniture.

2. Dans des bols séparés, faites fondre le lait et le chocolat noir sur des casseroles d'eau frémissante doucement. Vous pouvez également faire fondre au micro-ondes en rafales de 30 secondes, en remuant entre chaque intervalle jusqu'à ce qu'il soit fondu. Mettez de côté pour refroidir.

3. Utilisez un fouet pour mélanger le mascarpone, le fromage à la crème, le sucre glace, la poudre de boisson au lait malté, le chocolat chaud en poudre et l'extrait de vanille jusqu'à consistance lisse. Dans un autre bol, fouettez la crème, puis incorporez-la au mélange de mascarpone. Ajouter la moitié du mélange dans chacun des bols de chocolat, en remuant

jusqu'à ce que le tout soit bien mélangé. Incorporer la moitié des Maltesers hachés, des Maltesers entiers et des boutons dans le mélange de chocolat au lait; incorporer le reste au mélange de chocolat noir.

4. Versez le mélange de chocolat noir sur la base de biscuit. Garnir du mélange de chocolat au lait et lisser sur le dessus. Réfrigérez toute la nuit. Décorez avec des Maltesers avant de servir.

33.Cari de crevettes et de lentilles en un seul pot

Ingrédients

- 100g de lentilles rouges séchées
- 3 cuillères à soupe d'huile de tournesol
- 1 gros oignon, haché finement
- 6 gousses d'ail, hachées ou râpées
- morceau de gingembre de la taille d'un pouce, pelé et haché ou râpé
- $\frac{1}{4}$ cuillère à café de curcuma moulu
- $\frac{1}{4}$ cuillère à café de poudre de piment (nous avons utilisé de la poudre de piment du Cachemire)
- 1 cuillère à soupe de graines de cumin
- 1 cuillère à soupe de coriandre moulue
- 1 cuillère à soupe de purée de tomates
- 1 cuillère à café de pâte de tamarin ou de jus de citron (facultatif)
- 400g de tomates hachées ou de passata
- 1 cube de bouillon de poulet ou de légumes

- 1 cuillère à soupe de garam marsala
- 200g de crevettes crues ou cuites (nous avons utilisé des crevettes tigrées)
- piments verts, coriandre et oignons rouges marinés (voir conseils), pour servir

PAS

1. Rincez les lentilles plusieurs fois, puis versez-les dans un bol, couvrez d'eau froide et laissez tremper. Pendant ce temps, faites chauffer 2 cuillères à soupe d'huile dans une casserole peu profonde ou une sauteuse et faites cuire l'oignon avec une pincée de sel pendant 10 minutes jusqu'à ce qu'il commence à devenir doré. Ajouter l'ail, le gingembre, le curcuma, la poudre de piment, les graines de cumin et la coriandre moulue, et cuire 3 minutes jusqu'à ce que le mélange soit collant. Incorporer la purée de tomates et le tamarin, le cas échéant, suivis des tomates hachées. Laisser mijoter pendant 8 à 10 minutes jusqu'à ce que vous ayez une pâte épaisse.

2. Rincer à nouveau les lentilles trempées jusqu'à ce que l'eau soit claire, puis égoutter. Incorporer les lentilles dans la base de tomates, puis verser 1 litre d'eau (utilisez-en pour faire couler la boîte de tomates) et le cube de bouillon. Porter à ébullition, puis réduire le feu à ébullition douce, couvrir et cuire, en remuant de temps en temps, pendant

50 min-1 h jusqu'à ce que les lentilles soient tendres et aient commencé à cuire dans la sauce. Remuez dans le garam masala. Peut maintenant être laissé refroidir complètement, puis réfrigéré jusqu'à trois jours ou congelé jusqu'à six mois (voir ci-dessous).

3. Pour cuire les crevettes, réchauffez la sauce surgelée refroidie ou décongelée dans une casserole jusqu'à ce qu'elle mijote (voir ci-dessous), puis versez les crevettes et faites cuire 5 min. Assaisonner de sel au goût, puis arroser du reste de l'huile et remuer brièvement. Trancher les piments verts et les saupoudrer de quelques feuilles de coriandre, puis parsemer d'oignons marinés (voir recette ci-dessous) pour servir.

34. Kombucha

Ingrédients

- 2 sachets de thé vert bio (ou 2 cuillères à café de feuilles en vrac)
- 2 sachets de sachets de thé noir bio (ou 2 cuillères à café de feuilles en vrac)
- 100-200g de sucre granulé, au goût
- 1 scoby moyen, plus 100-200 ml de liquide de démarrage

PAS

1. Pour obtenir des informations essentielles sur le brassage en toute sécurité, nos meilleurs conseils de recettes et nos saveurs amusantes à essayer, lisez notre guide sur la préparation du kombucha. Versez 1,8 litre d'eau bouillie dans une casserole, ajoutez les sachets de thé et le sucre (selon le goût sucré ou l'amertume de votre thé), remuez pour dissoudre le sucre et laissez infuser 6 à 10 minutes.

2. Retirez et jetez les sachets de thé sans les presser. Laisser refroidir complètement le thé avant de le verser dans un grand bocal en verre de 2,5 à 3 litres. Ajouter le scoby et son liquide de démarrage en laissant un espace minimum de 5 cm en haut du bocal.

3. Couvrez le pot avec un chiffon ou du papier absorbant pour que le scoby puisse «respirer». Fixez avec un élastique et étiquetez le pot avec la date et son contenu.

4. Laisser fermenter une à deux semaines à température ambiante et à l'abri des radiateurs, du four ou de la lumière directe du

soleil. Ne mettez pas le pot dans une armoire, car la circulation de l'air est importante.

5. Après la première semaine, goûtez le kombucha tous les jours - plus vous le laissez longtemps, plus la saveur deviendra acide. Lorsque vous êtes prêt, versez le kombucha dans des bouteilles, en veillant à réserver le scoby et 100 à 200 ml de liquide de démarrage pour le lot suivant.

6. Le kombucha est prêt à boire immédiatement, ou vous pouvez commencer une `` fermentation secondaire '' en ajoutant des saveurs telles que des fruits, des herbes et des épices au liquide soutiré et en le laissant en bouteille pendant quelques jours de plus avant de le boire. Se conserve au réfrigérateur jusqu'à trois mois.

7. Kombucha au citron et au gingembre

8. Ajouter le zeste et le jus de 1 citron et 1 à 2 cuillères à café de gingembre râpé à 750 ml de kombucha et bien mélanger. Verser dans une bouteille flip-top et sceller. Laisser à température ambiante pendant deux à quatre jours, en dégustant quotidiennement, jusqu'à

ce qu'il ait atteint le niveau de carbonatation et de saveur souhaité. Filtrer et réfrigérer pour servir.

9. Kombucha aux baies

10. Ajouter une poignée de fraises hachées, de myrtilles ou de framboises écrasées à 750 ml de kombucha et bien mélanger. Verser dans une bouteille flip-top et sceller. Laisser à température ambiante pendant deux à quatre jours, en dégustant quotidiennement, jusqu'à ce qu'il ait atteint le niveau de carbonatation et de saveur souhaité. Filtrer et réfrigérer pour servir.

35. Biscuits sans œufs

Ingrédients

- 125g de beurre ramolli
- 125g de sucre en poudre
- 1 cuillère à café d'essence ou d'extrait de vanille
- 200g de farine auto-levante, plus un supplément pour saupoudrer
- 1 cuillère à café de levure chimique
- 50g de pépites de chocolat au lait ou blanc
- 2 cuillères à soupe de cacao en poudre (facultatif)

PAS

1. Chauffer le four à 180C / 160C ventilateur / gaz 4. Battre le beurre et le sucre ensemble à l'aide d'une cuillère en bois ou d'un fouet électrique dans un grand bol jusqu'à ce qu'ils soient légers, mousseux et dorés.
2. Incorporer la vanille, la farine, la levure

chimique et les pépites de chocolat. Ajoutez 1 cuillère à soupe d'eau pour réunir le mélange si nécessaire, et le cacao en poudre pour en faire des biscuits au chocolat, si vous le souhaitez. Apportez la pâte en boule avec vos mains.

3. Saupoudrez de farine sur votre plan de travail et la pâte. Abaisser la pâte jusqu'à 3 mm d'épaisseur et, à l'aide d'un emporte-pièce, les découper et les disposer sur des plaques à pâtisserie tapissées en les espaçant bien.

4. Cuire au four environ 12 minutes ou jusqu'à ce qu'ils soient dorés. Si vous cuisez sur deux plateaux, permutez les plateaux à mi-cuisson. Laisser reposer sur les plaques à pâtisserie pendant 5 minutes, puis transférer sur une grille pour refroidir. Se conserve dans une boîte hermétique pendant trois à quatre jours.

36.Cari de crevettes de goan, pommes de terre et noix de coco

Ingrédients

- 125g d'huile de coco
- 2 oignons, hachés
- 5 piments rouges séchés (le bonnet écossais fonctionne bien)
- morceau de gingembre râpé
- 4 gousses d'ail râpées
- 6 feuilles de curry séchées
- ½ cuillère à café de graines de moutarde
- 30g de purée de tomates
- ½ cuillère à café de poudre de piment fort
- ½ cuillère à café de curcuma
- 2 boîtes de 400g de lait de coco
- 300g de chou-fleur (1/2 petit), cassé en petits fleurons
- 1 grosse pomme de terre, pelée et coupée en morceaux de 2 cm
- 600g de crevettes crues pelées

Servir

- 1 bouquet d'oignons verts, hachés finement
- 1 bouquet de coriandre hachée
- 100g de cacahuètes salées, hachées
- quartiers de lime, pour servir

PAS

1. Chauffer l'huile de coco dans une cocotte ou un wok à feu moyen et ajouter les oignons, les piments séchés, le gingembre, l'ail, la feuille de curry et les graines de moutarde, faire revenir 12-15 min jusqu'à ce que l'oignon soit tendre, puis incorporer la purée de tomate, piment et curcuma et continuer à cuire 1 à 2 minutes de plus. Versez le lait de coco et 200 ml d'eau, laissez mijoter la sauce pendant 20 minutes, puis mixez dans un mélangeur ou avec un mélangeur à main jusqu'à consistance lisse.

2. Remettez la sauce dans la casserole et portez à ébullition. Incorporer le chou-fleur et la pomme de terre, couvrir et laisser mijoter pendant 15 minutes. Ajouter les crevettes et faire pocher pendant 2 minutes, ou jusqu'à ce qu'elles deviennent roses. En cas de congélation, refroidir et congeler, puis décongeler et réchauffer lorsque vous êtes prêt à manger. Pour servir, parsemer les oignons nouveaux, la coriandre et les cacahuètes sur le curry et presser un peu de jus de citron vert.

37.Gâteau au fromage au pudding de Noël

Ingrédients

Pour la base

- 200g de biscuits au gingembre écrasés
- 30g de sucre muscovado léger
- 1 cuillère à café de sel de mer feuilleté
- 110g de beurre non salé, fondu

Pour le remplissage

- 240g de pudding de Noël
- 30 ml de brandy
- 30 ml de stout
- 1 orange, zestée
- 2 x 280g de fromage à la crème entier
- 300 ml de crème double en pot
- 200g de sucre muscovado léger
- 2 gousses de vanille, fendues et grattées
- Décorer
- 2 clémentines

- sucre muscovado léger, à saupoudrer

PAS

1. Pour faire la base, mélangez les gingembre et le sucre dans un grand bol et saupoudrez de sel feuilleté. Versez le beurre fondu et mélangez avec une cuillère en bois pour former un mélange ressemblant à de la miette de biscuit. Presser dans un moule à gâteau rond de 20 cm, étaler le mélange en une couche uniforme dans les coins. Laisser refroidir au réfrigérateur pendant 30 minutes jusqu'à ce que le tout soit pris.

2. Mettez le pudding de Noël, le brandy, le stout et le zeste d'orange dans un mélangeur et mélangez en purée.

3. À l'aide d'un fouet électrique, battre le fromage à la crème avec la crème fraîche, le sucre et les graines de vanille, puis incorporer à la purée. Répartir le mélange sur la base de biscuit et laisser refroidir au réfrigérateur pendant une nuit.

4. Le lendemain, épluchez la clémentine, coupez-la en rondelles et placez-la sur une plaque à pâtisserie. Saupoudrez-les de sucre, puis

passez au chalumeau jusqu'à ce qu'elles soient caramélisées et laissez refroidir. Sortez le cheesecake du moule et disposez la clémentine dessus. Se conserve trois jours au réfrigérateur.

38.Cuisine aux crêpes aux épinards et à la ricotta

Ingrédients

- 1 cuillère à soupe d'huile d'olive, plus un filet
- 3 gousses d'ail écrasées
- 400g de tomates hachées
- Sachet de 200g de bébés épinards
- 250g de ricotta en pot
- râper de noix de muscade
- 4 grosses crêpes ou crêpes (voir recette ci-dessous)
- 225g de boule de mozzarella, égouttée et coupée en petits morceaux
- 50g de parmesan ou alternative végétarienne, râpé

PAS

1. Faites chauffer l'huile dans une poêle, ajoutez 2 gousses d'ail et faites grésiller quelques secondes, puis versez les tomates. Assaisonner et faire bouillir pendant 10 à 15

minutes jusqu'à ce que le tout soit réduit en une sauce épaisse. Chauffez les épinards au micro-ondes pendant 2 minutes pour les faire flétrir, ou en les versant dans une passoire et en les versant sur une bouilloire pleine d'eau chaude. Lorsqu'elle est suffisamment froide pour être manipulée, extrayez autant de liquide que possible, puis hachez grossièrement.

2. Chauffer le four à 220C / 200C ventilateur / gaz 7. Mélanger la ricotta, les épinards, une généreuse râpe de muscade, le reste de l'ail écrasé et du sel et du poivre. Étalez la sauce tomate sur la base d'un plat de cuisson peu profond d'environ 20 cm x 30 cm. Répartir le mélange d'épinards entre les crêpes en l'étalant sur la moitié de la surface. Pliez chaque crêpe en deux, puis à nouveau en deux pour former un triangle. Déposer les crêpes sur la sauce, parsemer de mozzarella et de parmesan. Arroser d'un peu plus d'huile et cuire au four pendant 15 à 20 minutes jusqu'à ce que le tout bouillonne.

39.Tartes épicées avec purée de patates douces

Ingrédients

Pour la purée

- 1 kg de patates douces, pelées et coupées en gros morceaux
- 2 cuillères à soupe de lait
- 50g de cheddar mature, finement râpé
- Pour le haché
- 1 cuillère à soupe d'huile de colza
- 2 oignons, coupés en deux et tranchés
- 500g de boeuf haché maigre (5% de matière grasse)
- 1 cuillère à soupe de paprika fumé, plus un supplément pour saupoudrer
- 1 cuillère à soupe de cumin moulu
- 1 cuillère à soupe de coriandre moulue
- 1 cuillère à soupe de poudre de piment doux
- 1 cuillère à soupe de bouillon de légumes en poudre

- 400g de haricots aux yeux noirs
- 400g de tomates hachées
- 1 gros poivron vert, coupé en dés
- Boîte de 326 g de maïs doux dans l'eau
- brocoli ou salade, pour servir (facultatif)

PAS

1. Faire bouillir la patate douce pendant 15 minutes ou jusqu'à ce qu'elle soit tendre, en prenant soin de ne pas trop cuire.

2. Pendant ce temps, faites chauffer l'huile dans une grande poêle antiadhésive profonde. Ajouter les oignons, couvrir et cuire 8 minutes ou jusqu'à ce qu'ils soient ramollis et qu'ils commencent à colorer. Incorporer le hachis et le casser avec une cuillère en bois jusqu'à ce qu'il soit doré. Incorporer toutes les épices et le bouillon, puis ajouter les haricots avec leur liquide, les tomates et le poivre. Couvrir et laisser mijoter 20 min. Incorporer le maïs avec son liquide, assaisonner et retirer du feu.

3. Pendant la cuisson de la viande hachée, écrasez les pommes de terre avec le lait pour obtenir une purée ferme. Répartir le hachis dans six plats à tarte individuels, garnir chacun d'un peu de purée, puis saupoudrer de fromage et d'un peu de paprika.

4. Les tartes peuvent maintenant être congelées. Si vous mangez tout de suite, placez-le sous un

gril chaud jusqu'à ce qu'il soit bien chaud et que le fromage soit fondu. Pour cuire à partir de congelé, décongeler complètement, puis réchauffer au four sur une plaque à pâtisserie à 180 ° C / 160 ° C ventilateur / gaz 4 pendant 30 à 40 minutes ou jusqu'à ce qu'il soit très chaud. Servir avec du brocoli ou une salade, si vous le souhaitez, qui vous mènera à tous les 5 de vos 5 par jour.

40.Soupe bolognaise aux lentilles

Ingrédients

- 2 cuillères à soupe d'huile de colza
- 3 oignons, hachés finement
- 3 grosses carottes, coupées en petits dés
- 3 branches de céleri, coupées en petits dés
- 4 gousses d'ail, hachées finement
- 500g de passata au carton
- 1 cuillère à soupe de bouillon de légumes en poudre
- 125g de lentilles rouges
- 1 cuillère à café de paprika fumé
- 4 brins de thym frais
- 125g de penne repas complet
- 50g de fromage à pâte dure végétarienne à l'italienne finement râpé

PAS

1. Faites chauffer l'huile dans une grande poêle antiadhésive puis faites revenir les oignons

pendant quelques minutes jusqu'à ce qu'ils commencent à refroidir. Ajouter les carottes, le céleri et l'ail puis faire revenir 5 minutes de plus, en remuant fréquemment, jusqu'à ce que les légumes commencent à ramollir.

2. Versez la passata, le bouillon en poudre et les lentilles avec 2l d'eau bouillante. Ajouter le paprika fumé, le thym et beaucoup de poivre noir puis porter à ébullition, couvrir la casserole et laisser mijoter 20 min.

3. Versez les penne puis faites cuire encore 12 à 15 minutes jusqu'à ce que les pâtes et les lentilles soient tendres, en ajoutant un peu plus d'eau si nécessaire. Remuez dans le fromage, puis versez la moitié de la soupe dans des bols ou une fiole à col large si vous la prenez comme un panier-repas. Laisser refroidir le reste de la soupe (retirer les brins de thym) et conserver au réfrigérateur jusqu'à ce que vous en ayez besoin. Il se conservera bien pendant plusieurs jours. Réchauffer dans une casserole en ajoutant un peu d'eau supplémentaire si la soupe a épaissi.

41.Double fromage et tarte aux légumes printaniers

Ingrédients

- 500g de pâte brisée en bloc
- farine ordinaire, pour saupoudrer
- 25g de cheddar mature, finement râpé
- 200g de pointes d'asperges, bouts boisés coupés
- 100g de petits pois frais ou surgelés
- 2 oeufs
- 100g de crème fraîche
- 150g de crème double
- muscade entière, à râper
- 100g de cresson
- 300g ou 2 bûches de chèvre à pâte molle et sans croûte

PAS

1. Abaisser la pâte en un rectangle sur un plan de travail légèrement saupoudré de farine. Répartir sur le fromage, plier la pâte en deux et rouler à nouveau en cercle qui correspond à un moule à tarte de 25 cm avec un surplomb. Réfrigérez pendant 20 minutes. Pendant ce temps, faites cuire les asperges dans l'eau bouillante pendant 3 minutes, puis égouttez et rafraîchissez sous l'eau froide. Faites cuire les pois frais de la même manière pendant une minute, ou décongelez simplement les pois surgelés.

2. Chauffer le four à 200C / 180C ventilateur / gaz 6. Bien piquer la base de la tarte avec une fourchette, recouvrir de papier sulfurisé et remplir de haricots secs. Faites cuire la tarte pendant 30 minutes, retirez le parchemin et les haricots, piquez à nouveau si elle a gonflé, puis faites cuire encore 10 à 15 minutes jusqu'à ce que le biscuit soit brun.

3. Pendant ce temps, battez les œufs dans un bol, ajoutez la crème fraîche et la crème, assaisonnez et ajoutez une pincée de muscade

fraîchement râpée. Répartir les pois et la majeure partie du cresson sur la tarte et émietter la moitié du fromage de chèvre. Verser sur le mélange d'œufs crémeux, puis déposer les asperges sur le dessus. Enfin, trancher le reste du fromage de chèvre et disposer sur le dessus, puis cuire au four pendant 25-30 minutes jusqu'à ce que la crème soit juste prise et que le fromage soit doré. Laisser refroidir dans le moule, couper les bords de la pâte, puis retirer du moule, parsemer du reste du cresson et servir coupé en tranches. Peut être préparé jusqu'à un jour à l'avance, laissez de côté le réfrigérateur pour garder la pâte croustillante.

42.Beurre d'ail

Ingrédients

- 100g de beurre ramolli
- 1 gousse d'ail écrasée
- 2 cuillères à café de persil finement haché (facultatif)

PAS

1. Dans un petit bol, mélanger le beurre, l'ail et le persil, le cas échéant. Assaisonner avec un peu de sel (uniquement si vous utilisez du beurre non salé) et du poivre noir. Si le beurre est trop froid pour être mélangé, réchauffez les ingrédients dans une petite casserole jusqu'à ce qu'ils soient fondus et combinés, puis laissez refroidir. Se conserve jusqu'à une semaine au réfrigérateur.

43.Bols à lunch Bulgur et quinoa

Ingrédients

Pour la base de boulgour

- 1 gros oignon, haché très finement
- 150g de boulgour et de quinoa (il est prêt à l'emploi)
- 2 brins de thym
- 2 cuillères à café de bouillon de légumes en poudre

Pour la garniture à l'avocat

- 1 avocat, coupé en deux, dénoyauté et haché
- 2 tomates, coupées en quartiers
- 4 cuillères à soupe de basilic haché
- 6 olives Kalamata, coupées en deux
- 2 cuillères à café d'huile d'olive extra vierge
- 2 cuillères à café de vinaigre de cidre
- 2 grosses poignées de fusée

Pour la garniture de betterave

- 210g de pois chiches, égouttés

- 160g de betteraves cuites coupées en dés
- 2 tomates, coupées en quartiers
- 2 cuillères à soupe de menthe hachée
- 1 cuillère à café de graines de cumin
- plusieurs pincées de cannelle moulue
- 2 cuillères à café d'huile d'olive extra vierge
- 2 cuillères à café de vinaigre de cidre
- 1 orange, coupée en segments
- 2 cuillères à soupe de pignons de pin grillés

PAS

2. Versez le mélange d'oignon et de boulgour dans une casserole, versez sur 600 ml d'eau et incorporez le thym et le bouillon. Cuire à couvert, à feu doux pendant 15 min, puis laisser reposer 10 min. Tout le liquide doit maintenant être absorbé. Une fois refroidi, retirez le thym et répartissez le boulgour dans quatre bols ou récipients en plastique.

3. Pour la garniture à l'avocat, mélanger tous les ingrédients sauf la roquette. Empilez sur deux

portions de boulgour et garnissez avec la fusée.

4. Pour la garniture de betterave, empilez d'abord les pois chiches dessus, puis mélangez la betterave avec la tomate, la menthe, le cumin, une bonne pincée de cannelle, l'huile et le vinaigre. Mélangez bien, ajoutez l'orange, puis empilez sur les portions restantes de boulghour, parsemez de pignons de pin et saupoudrez de cannelle supplémentaire. Réfrigérer au réfrigérateur jusqu'à ce que vous en ayez besoin.

44. Okonomiyaki végétarien

Ingrédients

- 3 gros œufs
- 50g de farine tout usage
- 50 ml de lait
- 4 oignons nouveaux, parés et tranchés
- 1 pak choi, tranché
- 200g de chou de Savoie, râpé
- 1 piment rouge, épépiné et finement haché, plus un supplément à servir
- $\frac{1}{2}$ cuillère à soupe de sauce soja faible en sel
- $\frac{1}{2}$ cuillère à soupe d'huile de colza
- 1 cuillère à soupe de mayonnaise faible en gras
- $\frac{1}{2}$ citron vert, pressé
- sushi gingembre, pour servir (facultatif)
- wasabi, pour servir (facultatif)

PAS

1. Fouetter ensemble les œufs, la farine et le lait jusqu'à consistance lisse. Ajouter la moitié des oignons nouveaux, le pak choi, le chou, le piment et la sauce soja. Faites chauffer l'huile dans une petite poêle et versez-y la pâte. Cuire à couvert à feu moyen pendant 7 à 8 minutes. Retournez l'okonomiyaki dans une deuxième poêle, remettez-le sur le feu et laissez cuire encore 7 à 8 minutes jusqu'à ce qu'une brochette insérée dedans en ressorte propre.

2. Mélangez la mayonnaise et le jus de citron vert dans un petit bol. Transférer l'okonomiyaki dans une assiette, puis arroser de mayonnaise à la lime et garnir avec le piment supplémentaire et l'oignon nouveau et le gingembre sushi, si vous en utilisez. Servir avec le wasabi en accompagnement, si vous le souhaitez.

45. riche ragu

Ingrédients

- 1 cuillère à soupe d'huile d'olive
- 1 oignon, coupé en deux et haché finement
- 1 branche de céleri, coupée en petits dés
- 1 grosse carotte, coupée en petits dés
- Paquet de 600g de steak de bœuf haché
- 3 cuillères à soupe de purée de tomates
- 2 gousses d'ail finement râpées
- 2 cuillères à café de feuilles de thym frais
- 150 ml de vin rouge (ou utilisez du bouillon de bœuf supplémentaire)
- 500 ml de bouillon de bœuf
- 400g de spaghettis
- 50g de parmesan râpé, plus un supplément pour servir (facultatif)
- salade d'accompagnement, pour servir

PAS

1. Faites chauffer l'huile dans une grande poêle et ajoutez l'oignon, le céleri et la carotte. Faire frire à feu moyen pendant 10 minutes, en remuant de temps en temps, jusqu'à ce qu'elles ramollissent et commencent à colorer.

2. Incorporer le hachis et cuire, en brisant les grumeaux de viande avec une cuillère en bois, jusqu'à ce qu'ils soient dorés.

3. Ajouter la purée de tomates, l'ail et le thym et cuire 1 à 2 minutes de plus. Versez le vin, si vous en utilisez, et augmentez le feu pour faire bouillir la majeure partie de l'alcool. Baisser le feu, incorporer le bouillon et assaisonner. Couvrir avec un couvercle hermétique et laisser cuire doucement 1 h à 1 h 15 jusqu'à ce que la viande soit tendre et que la sauce épaississe.

4. Retirer le couvercle et poursuivre la cuisson 15 min. Pendant ce temps, faites cuire les pâtes en suivant les instructions de l'emballage. Réservez une tasse d'eau de cuisson, égouttez les spaghettis et ajoutez-les au ragoût avec le

parmesan. Bien mélanger et ajouter un peu d'eau pour pâtes pour aider la sauce à enrober les spaghettis. Servir avec une salade d'accompagnement et un supplément de fromage, si vous le souhaitez.

46 Tarte au poulet crémeuse au curry

Ingrédients

Pour le remplissage

- 1 ½ kg de poulet entier
- 2 oignons, 1 en quartiers, 1 haché
- 2 carottes, 1 coupée en 3-4 morceaux, 1 finement hachée
- 2 tranches épaisses de gingembre
- 2 gousses d'ail écrasées
- petit bouquet de persil ou de coriandre, feuilles cueillies et hachées, tiges laissées entières
- 50g de beurre
- huile végétale ou huile de colza, pour la friture
- 50g de farine
- 2-3 cuillères à soupe de pâte de curry douce, telle que korma ou tikka
- ½ cuillère à café de curcuma moulu
- 1 cube de bouillon de poulet

- 150 ml de crème double

Pour la garniture filo

- 6 feuilles de pâte filo
- Un peu de beurre fondu ou d'huile
- Servir
- Brocoli tendres, si vous aimez

PAS

1. Mettez le poulet, l'oignon coupé en quartiers, les morceaux de carotte, le gingembre, l'ail et les tiges d'herbes dans une grande marmite. Couvrir complètement le poulet d'eau, porter à ébullition, puis baisser le feu, couvrir et cuire doucement 1 h. Retourner le poulet à mi-cuisson et rajouter de l'eau si nécessaire. Après 1 heure, le poulet doit être tendre - essayez de retirer une jambe de la poitrine avec des pinces. S'il y a beaucoup de résistance, continuez à cuisiner en vérifiant toutes les 10 minutes environ. Retirer délicatement le poulet du liquide de cuisson et laisser refroidir sur une assiette pendant environ 10 min.

2. Râpez la viande de poulet et jetez la graisse et les os. Filtrez le liquide de cuisson (c'est votre bouillon) et jetez les oignons, les carottes et les autres morceaux (ou gardez-les pour faire de la soupe). Mesurez 500 ml de bouillon.

3. Faites fondre le beurre dans une casserole (utilisez la casserole à bouillon si elle est vide - vous n'avez pas besoin de la laver). Ajouter

un filet d'huile et l'oignon et la carotte hachés. Cuire jusqu'à ce que les légumes soient tendres, pendant environ 8 à 10 minutes. Incorporer la farine, la pâte de curry et le curcuma, puis émietter dans le cube de bouillon. Au fur et à mesure que vous remuez, les ingrédients s'agglutinent. Continuez à cuire pendant environ une minute, puis ajoutez une louche de liquide de cuisson de poulet. Remuez bien jusqu'à consistance lisse, puis ajoutez une autre louche. Continuez jusqu'à ce que tout le bouillon soit épuisé et que vous ayez une sauce onctueuse.

4. Incorporer le poulet, la crème et les herbes hachées dans la sauce, bien assaisonner et retirer du feu. Si vous congelez des portions à ce stade, transférez-les dans un contenant ou un sac refermable, laissez refroidir, puis congelez jusqu'à deux mois. Décongeler complètement au réfrigérateur avant de réchauffer dans une casserole ou au micro-ondes. Consultez les conseils ci-dessous pour des suggestions de diffusion.

5. Chauffer le four à 180 ° C / 160 ° C ventilateur / gaz 4. Transférer le poulet crémeux au cari

dans un plat à tarte d'environ 25 x 5 cm. Badigeonner 6 feuilles de pâte filo avec un peu de beurre fondu ou d'huile et froisser les feuilles sur le dessus de la tarte en recouvrant la garniture. Cuire la tarte pendant environ 45 à 50 minutes, jusqu'à ce que le dessus soit croustillant et que le poulet au curry bouillonne et soit chaud. Servir avec du brocoli Tenderstem, si vous le souhaitez.

47.Mélanges de vodka au citron

Ingrédients

- 3 gros citrons
- 1 cuillère à soupe de sucre en poudre
- 2 feuilles de gélatine
- 100 ml de vodka
- 50 ml triple sec

PAS

1. Couper les citrons en deux dans le sens de la longueur et évider la chair en réservant les moitiés évidées. Hachez la chair dans un mixeur, puis passez au tamis dans un bol. Jetez la pulpe dans le tamis. Mesurez 100 ml de jus (ajoutez de l'eau si nécessaire), puis versez dans une casserole avec 50 ml d'eau et le sucre. Faites mijoter.
2. Pendant ce temps, faites tremper la gélatine dans de l'eau froide. Retirez le mélange de jus du feu. Pressez l'excès d'eau de la gélatine, puis ajoutez-la à la casserole et remuez pour

dissoudre. Verser la vodka et triple sec.

3. Placez les moitiés de citron réservées, côté coupé vers le haut, dans les trous d'un moule à muffins et remplissez jusqu'au dessus avec le mélange pour gelée (versez les restes dans des tasses). Laisser reposer au réfrigérateur pendant une nuit.

4. Coupez chaque moitié en deux quartiers et servez bien frais.

48.Nouilles de miso avec des œufs au plat

Ingrédients

- 2 nids de nouilles complètes (100g)
- 1 cuillère à soupe d'huile de colza, plus une goutte supplémentaire pour la friture
- 30g de gingembre coupé en allumettes
- 1 poivron vert, épépiné et coupé en lanières
- 2 poireaux (165g), tranchés finement
- 3 grosses gousses d'ail, finement râpées
- 1 cuillère à café de paprika fumé
- 1 cuillère à soupe de miso brun
- 160g de pousses de soja
- 100g de petits pois surgelés, décongelés
- 160g de pousses d'épinards
- 2 gros œufs
- 1 piment rouge, épépiné et haché (facultatif)

PAS

1. Mettez les nouilles dans un bol et couvrez d'eau bouillante. Réserver pour ramollir.

2. Pendant ce temps, faites chauffer l'huile dans un wok et faites revenir le gingembre, le poivre et le poireau pendant quelques minutes jusqu'à ce qu'ils soient ramollis. Ajouter l'ail et le paprika et cuire 1 min de plus. Égouttez les nouilles, réservez 2 cuillères à soupe d'eau et mélangez avec le miso.

3. Ajouter les nouilles égouttées, le liquide miso, les germes de soja, les pois et les épinards dans le wok et mélanger à feu vif jusqu'à ce que les épinards flétrissent. Pendant que vous faites cela, faites frire les œufs dans un peu d'huile à votre goût. Empilez les nouilles dans des assiettes, garnissez avec les œufs et le piment, le cas échéant, et servez.

49.Soupe au poulet et nouilles de Satay avec courge

Ingrédients

- ½ petite courge ou citrouille (environ 300g), épépinée et tranchée (pas besoin de peler)
- 2 cuillères à soupe d'huile d'arachide ou végétale
- 6 cuisses de poulet sans peau
- 3 gousses d'ail écrasées ou 1 cuillère à soupe de purée d'ail
- morceau de gingembre de la taille d'un pouce, écrasé ou 1 c. à soupe de purée de gingembre
- 1 cube de bouillon de poulet ou 1 cuillère à soupe de bouillon liquide concentré
- 2 boîtes de 400g de lait de coco
- 3 piments oiseau, 2 percés quelques fois mais laissés entiers, 1 finement tranché pour servir (facultatif)
- 3 cuillères à soupe de sauce soja légère
- 3 cuillères à soupe de beurre d'arachide, lisse ou croquant, c'est bien
- 2 limes, plus des quartiers supplémentaires à

servir

- 1 cuillère à soupe de sucre roux brun clair
- 1 cuillère à soupe de sauce de poisson
- 400g de nouilles de riz
- petit bouquet d'oignons verts, hachés
- petite poignée de feuilles de coriandre
- poignée de germes de soja
- 50g d'arachides grillées salées, hachées
- huile de piment, pour servir (facultatif)

PAS

1. Chauffer le four à 180 ° C / 160 ° C ventilateur / gaz 4. Mélanger la courge avec 1 cuillère à soupe d'huile et un peu d'assaisonnement sur une plaque à pâtisserie, disposer en une seule couche et rôtir pendant 35 à 40 minutes, ou jusqu'à ce qu'elle soit tendre et commence à caraméliser sur les bords. Pendant ce temps, faites chauffer l'huile restante dans une casserole profonde ou une cocotte. Assaisonner le poulet, puis cuire jusqu'à ce qu'il soit doré de partout. Ajouter l'ail et le gingembre en remuant pendant une ou deux minutes, puis ajouter le bouillon, le lait de coco, les piments entiers, le soja et 250 ml d'eau. Porter à ébullition douce, couvrir avec un couvercle et pocher le poulet pendant 20 min.

2. Retirez le poulet, déchiquetez la viande avec des fourchettes et remettez-la dans la soupe en jetant les os. Verser 2-3 cuillères à soupe de soupe dans un bol avec le beurre d'arachide et mélanger jusqu'à consistance lisse. Ajouter à la soupe avec le jus de 1 citron vert, le sucre

et la sauce de poisson. Vérifiez l'assaisonnement, ajoutez plus de citron vert, de sucre, de soja ou de sauce de poisson si vous le souhaitez. Gardez la soupe au chaud pendant que vous faites cuire les nouilles en suivant les instructions de l'emballage.

3. Égouttez les nouilles et ajoutez-en une poignée dans chaque bol. Verser sur la soupe et garnir avec la courge, les oignons nouveaux, la coriandre, les germes de soja, les arachides, l'huile de piment et le piment émincé (le cas échéant). Servir avec des quartiers de lime supplémentaires.

50 Sauce aux poivrons rouges rôtis vraiment facile

Ingrédients

- 4 poivrons rouges (ou un mélange de rouge, orange et jaune), coupés en morceaux
- 2 oignons, hachés grossièrement
- 2 gousses d'ail (peau laissée)
- 2 cuillères à soupe d'huile d'olive
- 2 boîtes de 400g de tomates italiennes pelées
- 2 cuillères à café de vinaigre de vin rouge
- 1 cuillère à café de cassonade légère

PAS

1. Chauffer le four à 190C / 170C ventilateur / gaz 5. Mélanger les poivrons et les oignons avec l'ail et l'huile d'olive, et étaler dans un plat à rôtir. Rôtir pendant 40 minutes, puis ajouter les tomates, le vinaigre de vin rouge et le sucre, et faire rôtir pendant encore 20 minutes. Versez dans un robot culinaire et mélangez jusqu'à consistance lisse. Assaisonner selon l'envie.

CONCLUSION

Le régime méditerranéen n'est pas un régime unique mais plutôt un régime alimentaire qui s'inspire du régime alimentaire des pays du sud de l'Europe. L'accent est mis sur les aliments végétaux, l'huile d'olive, le poisson, la volaille, les haricots et les céréales.

Lightning Source UK Ltd.
Milton Keynes UK
UKHW020651040521
383095UK00001B/105

9 781801 978378